バスケットボール

高さがなくても スキルで勝つ

著 コニー

ノア出版

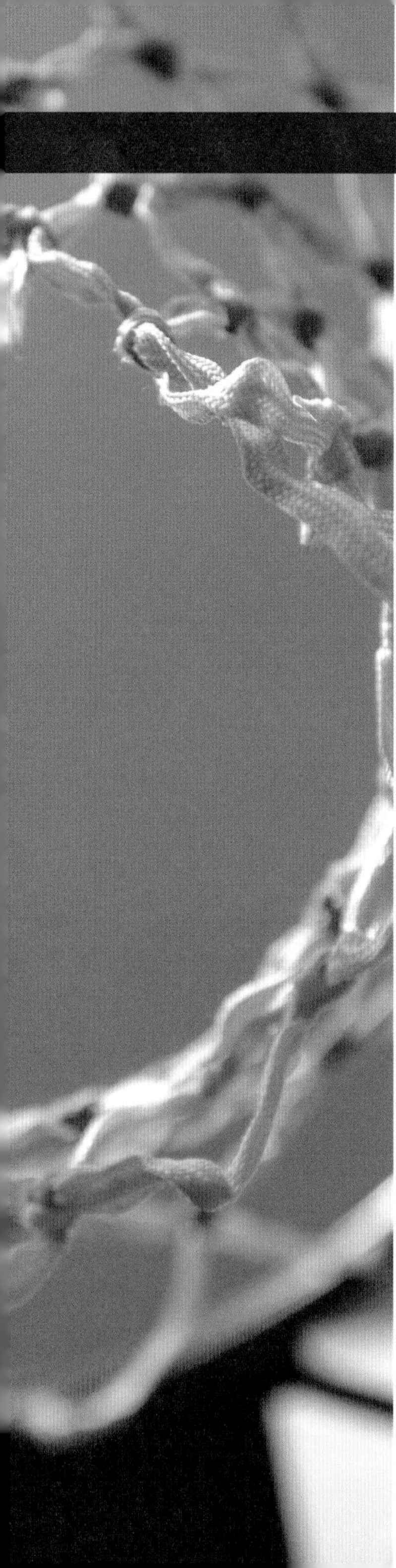

はじめに

世の中には、自分で変えられるものと絶対に変えられないものがあります。変えられないものの代表的な例は天気や過去、他人などであり、変えられるものは自分の考えと行動です。たくさんの方が悩みに思っている身長は変えられないものに当てはまります。その変えられないものに対して、悩んだり考えたりすることは、コニーにとっては無駄な努力と時間だと思います。

取り組むべきは「この身長だからこのワザが必要だ」「相手よりも早くプレーを切り替えることが大事だ」などの考え方です。人は自分の行動と考え方を変えることしかできません。

コニーは身長が低いおかげで、様々なワザを身につけることができたと思いますし、グダグダと悩まない考え方が身につきました。「身長が低いから○○できない」ではなく、「身長が低かったおかげで○○が身についた」と思えるような行動をしましょう。

この本はそんな選手たちをサポートするための1冊になればと考えて書きました。皆さんも変えられることを考え、コツコツと練習し、誰にも負けないといえる自分のよさを見つけてください。高さがなくてもスキルがあれば、どんな選手たちとも戦うことができます。

コニー

CONTENTS

バスケットボール 高さがなくてもスキルで勝つ

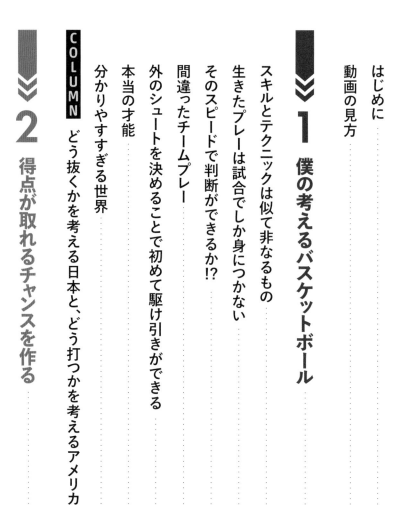

CONTENTS

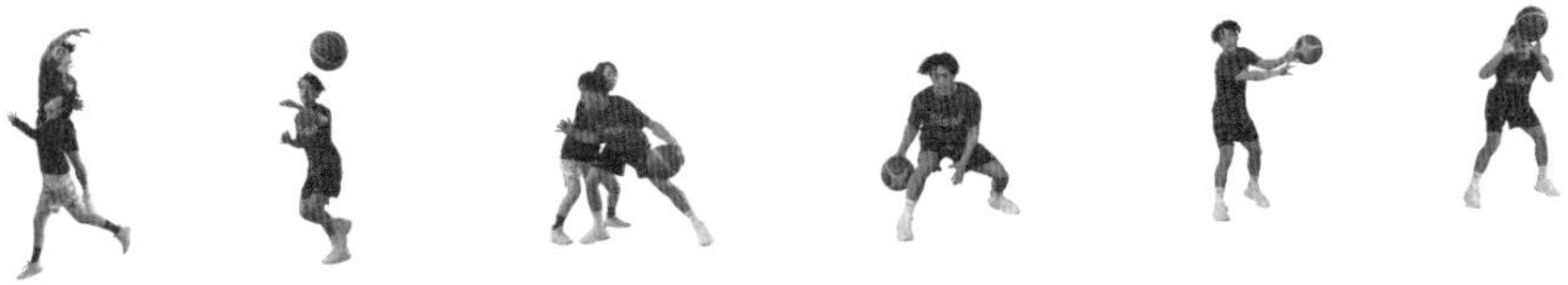

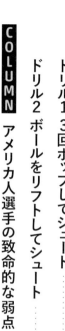

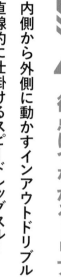

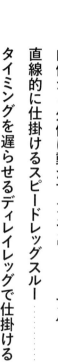

5 得点につながるパス

CONTENTS

7 トランジションにつながるディフェンス 125

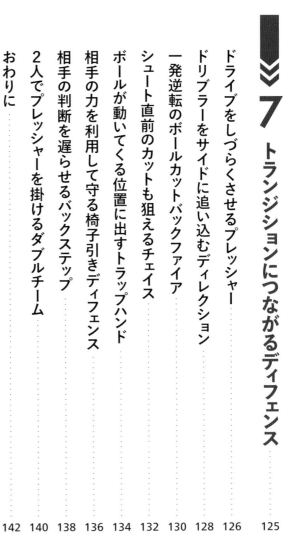

動画の見方 HOW TO WATCH VIDEOS

STEP1

カメラを起動

スマートフォンやタブレットのカメラを起動します。 または、 バーコードリーダー機能のアプリを立ち上げます。

STEP2

QRコードを読み取るモードにする

「読み取りカメラ」 など、 QRコードを読み取れるモードにします。 機種によっては自動で読み取りモードになるものもあります。

STEP3

QRコードを写す、かざす

画面にQRコードが表示されるように合わせます。 その状態で少し待ちましょう。

STEP4

表示されたURLをタップ

動画のアドレスが表示されたらタップします。 すると動画がはじまります。

注意点 CAUTION

①動画を見るときは別途通信料がかかります。Wi-Fi環境下で動画を見ることをおすすめします。
②機種ごとの操作方法や設定に関してのご質問には対応しかねます。ご了承ください。
③動画の著作権はコニーに属します。個人ではご利用いただけますが、再配布や販売、営利目的の利用はお断りします。

1

僕の考える
バスケットボール

MY PHILOSOPHY 01

スキルとテクニックは似て非なるもの

試合で必要になるのはスキル！

簡単に言うと、「判断が必要な状況で発揮できる力がスキル」であり、「判断が伴わないのがテクニック」です。

最近はSNSで流行っている練習メニューを取り入れている人も多いと思いますが、例えばコーンを置いてドリブルを突いたり、レッグスルーとかバックチェンジを決める動きを復習するなどが多いと感じます。こうしたプレーは見栄えがよく、教えることも難しくないため、よく見かけます。ところがこれらの動きはスキルではなくテクニックです。結局のところバスケットボールは決められた動きをするのではなく、相手や仲間を見て、どのようなスピードでどのような技を使ってどのようなプレーにつなげるかを判断することが重要になります。他のスポーツに例えると、フィギュアスケートであれば対人の判断は必要ないため、テクニックと言えます。それに対して野球ではピッチャーが投げる球に対応するための判断が必要になるため、スキルになります。

国内の多くのチームはまだまだ型にはまった練習や反復練習の比重が多く、テクニックを重視しているように感じます。テクニックが不要とは言いませんが、試合で必要になるのはスキルであり、日頃からスキルを磨くチャレンジをしていくこと。これがとても大切です。

MY PHILOSOPHY
02

生きたプレーは試合でしか身につかない

試合でしか
身につかない
プレーがある！

試合で活躍したり、何かを身につけたいと思うのであれば、試合で実践しないとダメです。往々にしてあるのは、練習で十分に動きができてから試合で試すというやり方。試合と練習では強度がまったく違いますし、練習はしょせん練習でしかありません。

僕自身、ドリブルの練習を繰り返していても、試合で役立った経験がほとんどありませんでした。それをずっと疑問に思っていましたが、ある時に本を読んで「なるほど！」と腑に落ちたのが、先ほどの「スキルとテクニックの違い」でした。その違いが理解できてからは、試合で活躍できるようなドリブルも増えましたし、その経験を子どもたちにも伝えています。

具体的には子どもたちが完璧にはできないメニューの実施です。例えば走ること1つとっても合図で走ったり、止まったり、再び走り出したりと、外からのアクションに対応する必要があるメニューです。

もちろんすぐに上手くはなりませんが、何が起こるか想定できない試合において、土壇場の状況でも対応できるようになってきた選手が増えているように感じます。練習も大事で練習は嘘をつきませんが、試合でしか身につかない生きたプレーがあることを理解しましょう。

MY PHILOSOPHY 03

そのスピードで判断ができるか!?

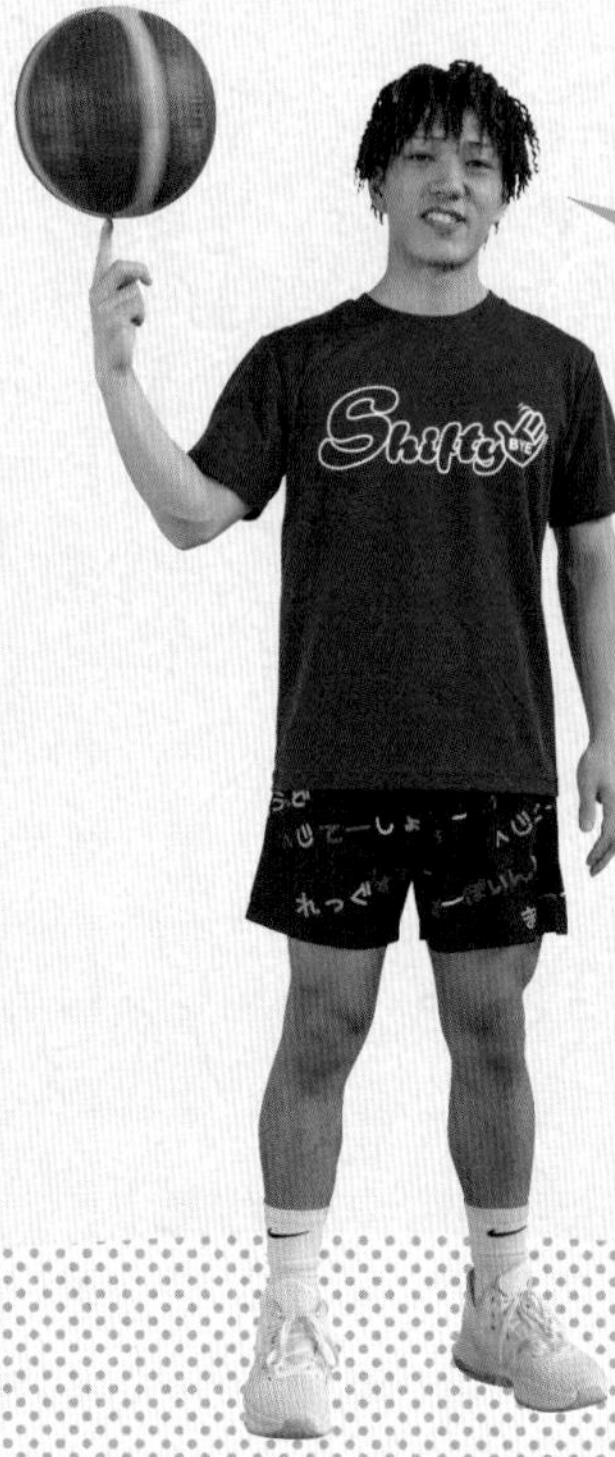

バスケで
大切な2種類の
スピード!

スピードに、「トップスピード」と「グッドスピード」という考え方をしています。トップスピードは、自分が持てる最大の速力です。もう1つのグッドスピードは、スピードがあることと同時に止まることができる速さになります（すぐに止まることができる全速力のこと）。そして自分のグッドスピードを理解できていることが大切です。

バスケットボールはトップスピードを競う競技ではなく、スピードに乗ったなかで正しい判断ができるかが求められる競技と言えます。つまり、正しい判断のほうが結果につながることが多いのです。

別な言い方をすると、グッドスピードを身につけなければ、バスケットボールではレベルが上がるほど役に立ちません。例えばスピードに乗った状態でディフェンスが詰めてきた際に、フリーの仲間を見つけてパスをさばくことが必要です。

またドライブでディフェンスを抜き、確実に止まってシュートを打つことも大切です。そして自分のグッドスピードを把握できたら、判断が伴うシチュエーションではグッドスピードを用い、その後はトップスピードで動くといったように、両方のスピードを使い分けていきます。

MY PHILOSOPHY

04

間違ったチームプレー

感情の最優先は
チームプレー
ではない！

チームプレーというと、全員でパスを回したり、全員が全力で走るイメージを連想しがちです。けれどもチームにとって一番プラスになることは点を取ることです。そう考えると「シュートが打てたのに打たない」「活躍できていない仲間にパスを出してしまう」といったプレーは、本当の意味でのチームプレーではありません。パスや走ることは、あくまでも点を取るための手段です。

また時々目にするのが、その試合であまりシュートを打てていない選手にパスを出すなど、感情を気にしてプレーを選択してしまうことです。厳しい言い方ですが、シュートが下手な選手やその日のコンディションが悪い選手にボールを回しても、チームのプラスにはなりません。

僕自身、このように考えるようになったのは、アメリカでプレーした影響が大きいと思います。アメリカで練習していたときに3対3をする機会がありましたが、どの選手もシュートにいくまでの時間が短いのです。ボールをもらって打てるようであれば1秒くらいでシュートを打ちます。そのようなシーンを当たり前のように見ていると、チームプレーに対する考え方が変わりました。皆さんもぜひ、本当のチームプレーとは何かを、今一度考えてみましょう。

MY PHILOSOPHY
05

外のシュートを決めることで初めて駆け引きができる

シュートを打たれる
怖さを与えて
はじめて駆け引きが
成立する！

駆け引きというと、1対1だと考える選手も多いでしょう。なかでもあまりレベルが高くない選手は「右から抜くか左から抜くか」「相手をいつ抜くか」を第一に考えているように思います。ところがアメリカでプレーをすると、向こうの選手たちは「いつシュートを打つか」を第一に考えます。そこで感じたことは、シュートが打てたり狙えたりしないと、ディフェンスにしたら脅威ではなくなります。シュートを狙うことで初めてディフェンスにとっての脅威になり、そこから駆け引きにつなげることができます。ですから積極的に3ポイントや遠目からのシュートを狙いましょう。

ところが外からのシュートに対するコーチの考え方に問題がある場合があります。多くのそれは外からのシュートが入らないと怒るコーチです。すると選手たちは外れにくい中でのシュートを狙うようになります。ところが中はディフェンス陣も容易に打たせてくれないため、守られやすくなるのです。こうしたコーチにはぜひ、「なぜ外から打ったらダメなのか」「練習で30％以上の確率で入れば打っていい」「その後のディフェンスやリバウンドの切り替えができれば打っていい」など、明確な基準を伝えてもらいたいと思います。

MY PHILOSOPHY
06

本当の才能

自分が
やりたいから
やり抜くと
考えられるか!?

多くの選手は身長や足の速さなど、目に見える部分を才能だと思っています。けれども本当の才能とは、他の誰かに言われるでもなく、周りから見たら努力と思われるようなことを、努力と思わずにできることです。何事も判断をするためには、自分で考えて動くことが大切で、コーチの指示を聞いてからでは遅くなってしまいます。

自分で考えることは、本当にバスケットボールが好きでないとできないでしょう。好きだからこそ自ら考えられますし、そこまで好きでなければ「コーチに怒られないようにプレーしよう」「ミスがないプレーをしよう」などのように判断の基準がバスケットボール以外のものに向いてしまいます。

繰り返しになりますが、結局どこまでそのことを好きでいられるか、どれだけ自分の気持ちに正直にいられるかが才能です。その考え方が確立されていれば、例えバスケットボールを離れたところでもしっかりと向き合うことができます。

自分のやる気に誰も共感してくれず、温度差を感じることが必ずあります。それでも続けていればどこかで誰かが見ていてくれたり、仲間が増えたりしていくものです。「誰かにやらされるのではなく、自分がやりたいからやる」という考えを大事にしてください。

MY PHILOSOPHY
07

分かりやすすぎる世界

上手く
なりたければ
量を積み重ねる
しかない！

ここで伝えたいことは、やったことはすべて自分の力になり、やっていないことは自分の力にならないということです。シュートが上手くない選手は、当たり前ですがシュートを打つ本数が少ないのです。「どうやったら上手くなりますか?」と質問されることが多いのですが、その答えはみんなが気づいているとおり量を積み重ねるしかなく、非常にシンプルです。また、原理原則はどこでも同じで、例えばチームで一番シュートが上手い選手になれたとします。ところが隣の学校を見たら同じように上手い選手がいたり、県のなかにはもっと上手い選手がいます。さらに関西などの地域や全国で見たら、もっともっと上手い選手がごろごろいるでしょう。その選手たちに勝つためには、自分でさらに練習を積み重ねていくしかなく、同時に上手い選手と競争をしないと上には上がれません。

時々相談されることの1つに「家にゴールがないからシュート練習ができない」があります。日本代表の渡辺雄太選手は、電柱に向かってシュートを打っていたそうです。狙いがよければ自分のほうにボールが戻り、悪ければあらぬ方向にボールが飛ぶことで、よいシュートの打ち方を磨いたのです。環境がないからできないは、言い訳でしかありません。課題に対して自主的であれば、アクションを起こして何かを得ようとします。そうした行動はバスケットボール以外でも必ず活きてきます。

COLUMN

どう抜くかを考える日本と、どう打つかを考えるアメリカ

ドリブルは3回中3回は完璧に抜けたとしても、100回抜けば当然ミスが出ます。それでもドリブルを選択しがちなのが日本人です。さらにシュートが外れると下を向いたり、ネガティブな振る舞いを出してしまうことも多くあります。

一方でアメリカ人の多くは、何に取り組むにしても上手いか下手かを抜きにして自分に自信を持っています。シュートが外れた場合でも切り替えが早く、自分を信じているような振る舞いをします。

この違いの一つが、アメリカではひたすら競争をする練習メニューが多いことだと思っています。その競争もコーチが焚きつけるのではなく、選手たち自身が目の色を変えて取り組んでいます。そして日本のように全員が平等にシュートを打てる機会を作るといった考え方はありません。競争に勝てば延々とコートに立ち続けられますし、負けたらずっとコートの外で他の選手のプレーを見続けることになります。競争する前の段階でコートに立つことが、全選手に与えた平等なチャンスであり、そのチャンスをどう活かすかは選手自身という考えが徹底しているのです。さらに競争に勝ち続けると、今まで以上に自分で自分を追い込むことが求められます。その繰り返しがプレーに一喜一憂するのか、すぐに切り替えられるのかの違いとなって表れるように感じます。

2

得点が取れる チャンスを作る

速攻では1ドリブルで3〜4歩進む

1ドリブル中に
3〜4歩進む
全力で走りながら
プレーする
ボールを
プッシュして
前に出す

動画はこちら

ボールを前にプッシュして
ボールを持たない状態を長くする

速攻は素早くシュートに持ち込むことが何よりも重要です。そのためにはボールを運ぶ場合でもスピードを重視します。具体的には1回ドリブルを突く間に小学生であれば3歩、それ以上であれば4歩進むようにします。

そのためにはコントロールできる場所にボールを突くのではなく、ボールを前にプッシュして全力で走りながらでのプレーを心掛けましょう。パスを受ける時も前に走りながら受けるようにします（32ページで詳しく紹介します）。

1

全力で走りながらボールを前にプッシュする

2
ボールを押し出すように突き出す

1回のドリブルで3〜4歩進む

3

なによりもスピードを優先してシュートに持ち込む

4
判断できるスピードと使い分ける

最後はシュートで決める

ここがスキルのポイント!
Point

パート1で紹介したように、バスケでは全速力と判断できるスピードの両方が必要。スピード最優先の場合には、もちろん全速力でプレーする！

トランジションではDefが戻る前に攻める

リングを見続けるのではなく
ディフェンスを把握する
中に入りながら
アタックする
ボールを
プッシュして
前に出す

動画はこちら

ディフェンスにコンタクトするまでは前に入る

トランジションとは、ディフェンスとオフェンスの切り替えのことです。1歩目を速くするためには、プッシュでボールを前に出し、中に入りながらアタックします。Defが走っている時は、コンタクトにも切り返しにも弱い状態です。Defが横並びの時は、Defにコンタクトして前に入り込まれないように身体を当てていきましょう。この場面ではディフェンスに中に入られることが一番よくありません。ディフェンスを背負った状態でドリブルができるようになりましょう。

1
Defに前に入られ
ないことが大事

ボールをプッシュしてディフェンスの前に出る

2

リングを見続けるのではなく周囲の状況を確認しながらドリブルする

3

ディフェンスにコンタクトするまでは中に入ってアタック

4
できればシュート
を打つ！

ディフェンスが回り込んできたら離れる

ここが
スキルのポイント！
Point

リングを見続けながら仕掛ける選手を目にする。リングの場所は動かないため、わざわざ見続けなくて大丈夫。それよりも周囲の状況を確認しよう！

パスを出すと同時にスタートダッシュ

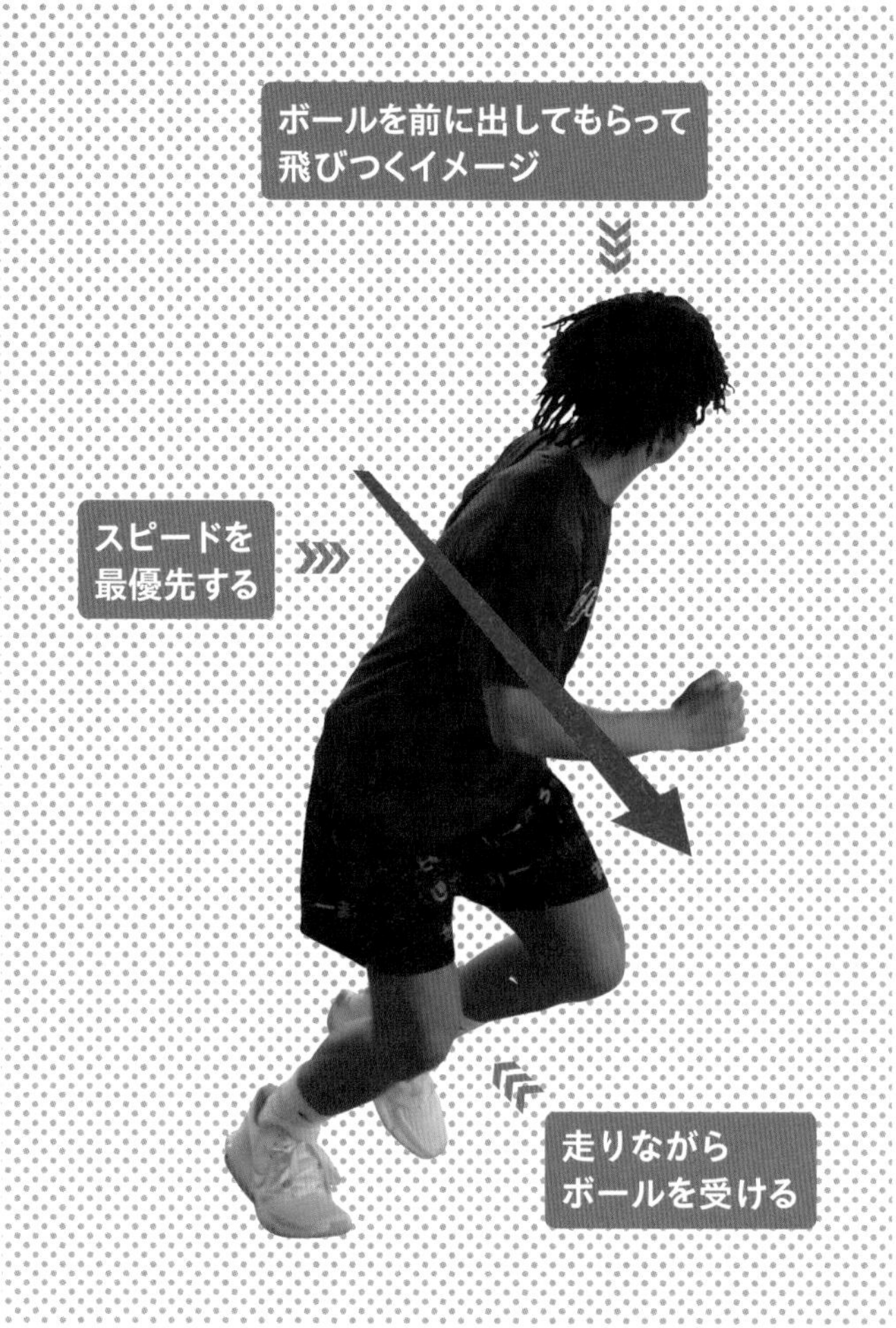
ボールを前に出してもらって飛びつくイメージ
スピードを最優先する
走りながらボールを受ける

動画はこちら

全力で走りながらボールをもらう

ボールを持っている時と持っていない時では、持っていない時のほうが速く走れます。またパスをもらう前にダッシュをすることで、ディフェンスの裏も取りやすくなります。

パスをもらう際に大事なことは、「スピードを最優先する」「できるだけまっすぐに走る」ことです。そのためには、パスを受けてからスキップしてリズムを作るのではなく、走りながらボールを受けるようにします。もし前が空いていれば、前に出してもらったボールに飛びつくようにします。

味方がボールを持つと同時にダッシュする

スピードを緩めない

前が空いていれば前に出してもらう

ボールに飛びつくようにしてパスを受ける

ここが スキルのポイント！ Point

パスを受ける前に走り出すことで、味方はさらに前（相手コート側）にボールを出すことができ、チャンスが生まれやすくなる！

パスを受ける瞬間にはすでに動き出している

すぐにアタックできる姿勢でボールをもらう
動き出しながらパスを受ける

動画はこちら

すぐにアタックできる姿勢でボールをもらう

オフボールでの動きで重要になることは、パスの受け方です。自分が得意なエリア、かつすぐにアタックできる姿勢でボールをもらうことができれば、その後の1対1やシュートもより簡単になります。さらに視野も広くなり、味方のフリーの選手にパスを出すこともできます。

またパスを受ける際に意識したい2つのことは、①片手でパスを受ける、②反対側の腕でディフェンスを押さえる、ということです。そうすることで、よりチャンスが生まれやすくなります。

棒立ちの状態でパスを受けてしまう

動き出す準備をしながらパスを受ける

すぐに次のアクションに移れない

パスを受けると同時に仕掛けられる

積極的にパスをもらうためには、ポジション取りや声出しも重要になる。また練習から強いパスを受けたり、捕りにくいパスを出してもらうことも大切!

5つのポイントで
フリースローを磨く

4つ目のポイント
ゲームライクで練習する
⇨走り込んで疲れた状態などで打つ

5つ目のポイント
シュートフォームを研究する
⇨動画を撮って自分の打ち方を分析する

動画はこちら

緊張感の中でも
フリースローを決める

緊張感の中でもフリースローを決めるためにやっておきたい5つのポイントを紹介します。

1つ目はルーティンを決めること。ルーティンを作っておくことで、試合中でもノーストレスで打ちやすくなります。2つ目は入る自信とイメージを持つこと。練習から入るイメージを持って打つことで得点確率が必ず上がります。3つ目は指先で回転をかけて打つこと。指先で打つことで細かく調整をしながら打つことができます。4つ目と5つ目は上の画像で紹介します。

ここではコニーのルーティンを紹介する

ボールを回す

指先を使いバックスピンをかけて打つ

ルーティンに沿って打つことでストレスが減る

ここが
スキルのポイント!
Point

5つ目のポイントのシュートフォーム研究だが、試合でイメージ通りに動けることはまずない。そのため試合でどのようなフォームで打っているのかを確認し、よりよいフォームで打てるように研究することが大切!

ディフェンスが弱い動きを狙うクローズアウトへの対応

動画はこちら

ディフェンスは左右に強く前後の動きには弱い

オフボールの味方にボールが渡ると同時に詰めてくるクローズアウト。このシチュエーションはディフェンスが後追いをしている状態のため、ディフェンスの動きを翻弄することで有利に試合が展開できます。基本となるのはディフェンスの動きで、詰めてシュートを防ぐようであればドリブルで仕掛け、下がったらシュートを狙います。

ディフェンスは左右の動きに対応しやすい反面、前後の動きには対応が難しくなります。その隙を逃さないようにします。

ディフェンスが詰めてくる状況

さらに詰めてくるか下がって待つかを判断する

さらに詰めてくるのであればドリブルで仕掛ける

前後の動きを見計らって攻め方を変える

クローズアウトはディフェンスが密集しやすい。そのためドリブルとシュートに加えてフリーの味方にパスという選択肢も非常に効果的！

高さがなくてもできるオフェンスリバウンド

相手にしっかりとコンタクトする
腕で相手の動きを予測する
相手を飛ばせないように抑えながらタイミングよくジャンプする

動画はこちら

ボールを何度も弾いて捕る

圧倒的に高さが有利になるリバウンドですが、高さがなくても立ち向かうことができるリバウンドがあります。その1つがここで紹介するボックスアウトです。

相手を簡単に飛ばせないようにコンタクトし、ジャンプするタイミングをずらして相手よりも先にボールに触ります。そして何度かジャンプを繰り返してマイボールにします。このときにフリーの味方がいれば、ワンタッチかツータッチで味方にパスを出すのもOKです。

1

コンタクトして相手が飛びにくい状態にさせる

2
両手よりも
片手のほうが
腕が伸びる

片手でボールを触る

3

自分のほうにボールを寄せる

4

最終的にマイボールにする

ここが スキルのポイント! Point

リバウンドが強い相手に対しては、相手に対して顔を合わせてボックスアウトし、相手にもボールを捕らせないテクニック（フェイスボックスアウト）も有効になる！

COLUMN

日本にまん延している
間違った自信

本当の自信とは、失敗しても心が折れたり、ネガティブな思考にならないものです。よく自信をつけるために、「練習を繰り返して○○ができたから試合でできる」「試合でできたことが自信につながる」「逆に練習でやっていないことは試合ではやらない」などと言ったりします。

僕が感じることは、どんな言い方をしても、プレーの結果に左右されたり、失ってしまうような自信は本当の自信ではなく、口だけの言葉ということ。そしてこういった口だけの言葉を使う選手は、上手くいかない理由を見つけて言い訳を探します。

僕は子どもたちに「最初は自信なんか持たなくてもいいから練習をしよう」と言っています。試合ではその選手が自信を持っているかどうかは関係ありませんし、無理に自信を持つ必要もありません。もちろん自信を持ちたい気持ちもわかりますし、僕のところに来る相談でも「自信が持てない」という人がめっちゃ多くいます。前にも書きましたが、周りを気にすることなくプレーをすればいいと思います。シュートを外したとしても、次にやることはディフェンスかリバウンドです。とにかく練習して自分のこだわりを持ち、そのこだわりを磨き続けること。それがいつの日か「自信」と呼べるものになるのかもしれません。

3

小さくても入る
シュートスキルを磨く

全身を連動させて浮遊し
レイアップシュートを打つ

ボールを上げるタイミングで飛び上がりながらボールを上げる
ステップに移行する時もスピードを下げない
スピードに乗る

動画はこちら

ボールを飛ばすためには筋力よりも連動性

レイアップは筋力がなくても打てます。ボールがバウンドして上に上がっている時は、力を使わずにさらに上に上げることができます。同じようにボールを上げるタイミングで打ちながら指先まで使ってリリースをすれば、重さを感じずにレイアップに移行できます。さらにスピードに乗った状態から止まらず、飛行機の離陸のイメージでフワッと身体が浮く感じをつかみます。そしてリングの真下で止まるのではなく、エンドラインを越えるまで走り切ります。

1

スピードに乗っていく

2

ステップに移行してもスピードを落とさない

3
力強く床を踏んで
反力をもらう

ボールを上げるタイミングと連動して飛び上がる

4
ラインを越えるよう
に走り切る

指先のスナップまで使ってボールをリリースする

ここが
スキルのポイント!
Point

練習では45度の角度だけでなく、様々な角度から打つこと。また利き手だけでなく反対の手や、下からだけでなく上からも打てることで、試合でも使えるレイアップシュートになる！

身体を壁にして横から打つ
ワイドレイアップシュート

高く打って沈める
身体で壁を作りながら
腕を伸ばして打つ
やたらと打つのではなく
最終手段として使う

動画はこちら

身体を壁にして横からシュートを打つ

ワイドレイアップはDefから遠いほうの手で打つフックシュートです。ポイントはブロックをかわすために、リングに対して身体を横に向けて打つことと、最高到達点を高くすること。さらに、「リングから遠ざかりながら打つ」「ワンステップで打つ」など、いろいろなステップと組み合わせることも大切です。ただしこのシュートは確率が高いシュートではないため、基本はノーマルのレイアップを打ち、よいディフェンスをされたときの最終手段にしましょう。

いろいろなステップを使って攻める

ディフェンスと横並びの時に使う

ディフェンスと反対側の手で打つ

指先で回転をかけて高い軌道のシュートを打つ

ここが スキルのポイント！

Point

身長がなくてもブロックをかわして打てるシュート。シュート前は、いろいろなステップやドリブルを使ってディフェンスをかく乱することでよい状態でシュートが打てる！

床からの反発をもらって打つスポットシュート

NG 1、2ステップ　　OK ホップステップ

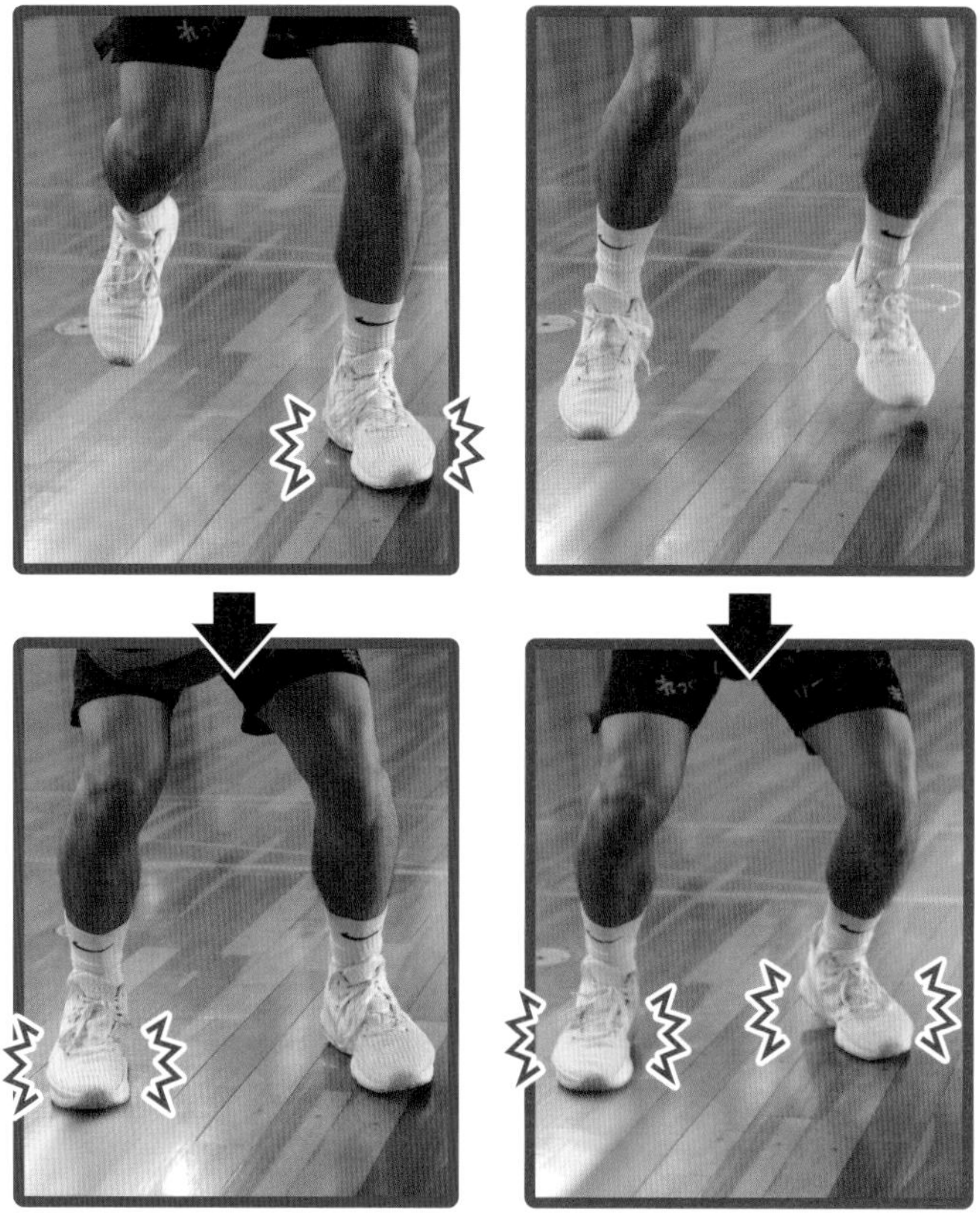

片足ずつ着地すると反発が小さくなり、遠くにボールを飛ばしにくい

両足で着地することで床から大きな反発をもらえる

動画はこちら

両足で着地することで早く打つことができる

シュートを決めるためには、動きもタイミングも早く打てることがとても大切です。そのためシュートを打つ動作が遅い選手はシュートを打てるチャンスがなくなるため、練習でいくらシュート確率が高くても、試合ではシュート力がないことと同じスキルになってしまいます。早く打つためのポイントはホップステップ（両足着地ジャンプ）でボールをもらうことです。両足同時に着地をし、着地の反発を活かして素早くシュートを打ちましょう。

ディフェンスをかわすように飛び出してキャッチ

両足で一瞬着地をする

床からの反発をもらって軽く打つ

跳ね返った力をボールに伝えるように打つ

ここが スキルのポイント! Point

スポットシュートはシュートの基本だけども、試合では入る確率が低くなる。そのため練習からわざと難しいパスを出してもらい、負荷がかかった状態で打てるように練習しよう!

シューティングラインをキープして打つプルアップシュート

シューティングラインを崩さずに打つ
右肩をリングに向けてシューティングラインを保つ

動画はこちら

ストップ時に後ろ足を前足よりも後ろに置く

プルアップはドリブルからの流れで打つジャンプシュートです。大事なことは、ボールを構えたときに右利きであれば右肩がリングのほうを向いた姿勢（シューティングライン）を取ること。その姿勢で打つことで、真っすぐにリングに飛ばすことができます。また足の動きですが、1歩目はランジの姿勢を取るように前に出します。そして2歩目は前に出た足の前ではなく、後ろ側に踏み出します。そうすることでシューティングラインが保てます。

ドリブルを突く

2歩目が後ろ側に来るようにステップする

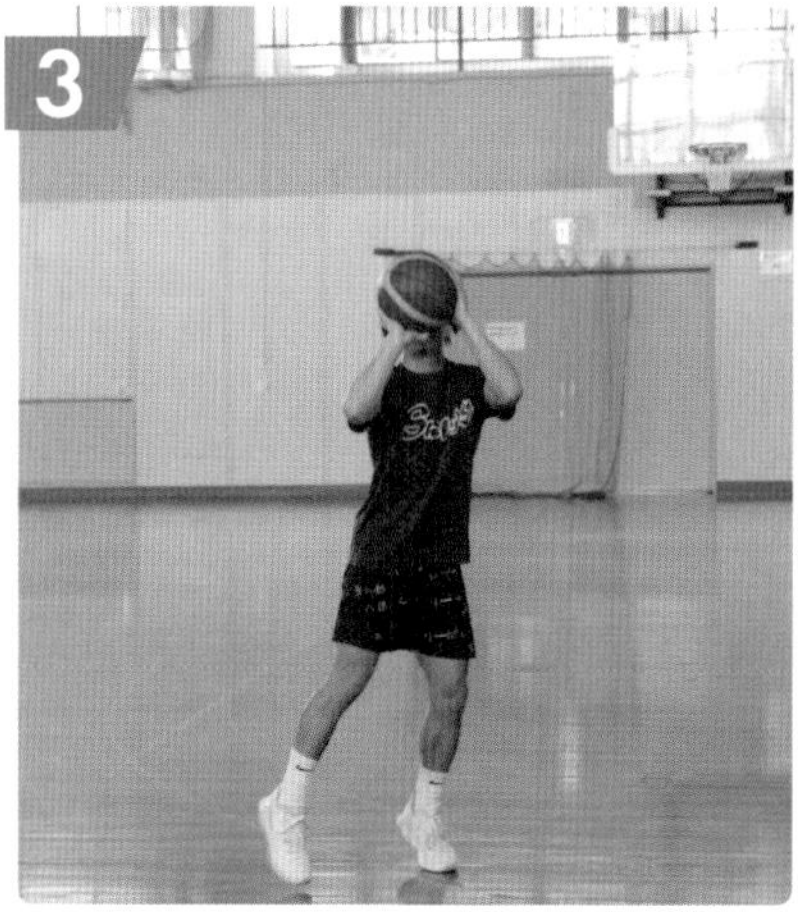

シューティングラインを保ったままボールをリフトする

リングに対して真っすぐ向かうようにシュートを打つ

特にドリブルをする際に身体がリングに正対しやすいので注意すること。このシュートが高確率で入ると、1ドリブルからのヘジがとても利きやすくなる！

ピボットムーブ
シュートのスタートである

軸足のつま先をコンパスの針のように使ってフリーフットを動かす

軸足のかかとをつけるとフリーフットを動かした時に軸足も動きやすくなる

動画はこちら

ピボットすることでシュートを打つチャンスが作れる

バスケットボールでは、すべてのプレーのはじまりと終わりがピボットになります。直接シュートと関係ないと思う方もいるかもしれませんが、ピボットの上手さでドリブルがディフェンスに止められてもシュートに持ち込むことができます。ポイントとなるのは、まずはコンタクトしても負けない姿勢で止まること。そして軸足はかかとを浮かせたつま先支点にし、反対側の足（フリーフット）を動かすことで相手とのずれを作ります。

1
当たっても負けない姿勢を取り軸足のかかとを上げる

2
フリーフットを自在に動かしてずれを作る

3
上手くずれが作れるとチャンスが生まれる

4
ピボットの質が高いとシュートにも持ち込める

ここがスキルのポイント！
Point

ピボットはバスケットボールの基本中の基本だがとても重要な動きになる。ピボットを疎かにせず、自主練習でディフェンスをイメージしながら動きを磨いていこう！

コンタクトしてスペースを作り出すビアーフィニッシュ

ディフェンスにコンタクトして
スペースを作る
スペースを使って
レイアップを打つ
2歩目を真横に出す

動画はこちら

生まれたスペースからレイアップシュートを打つ

身長の低い選手がレイアップを狙う場合、身長が高い選手がブロックを狙ってくることがあります。その相手に対してコンタクトし、スペースを作ってシュートを打つ動きがビアーフィニッシュです。まず、ディフェンスが横並びの時に身体をぶつけて飛ばさないようにします。そしてクロスステップをして1回ドリブルを突き、1歩目は真っすぐに、2歩目は真横に出します。そして相手とコンタクトしたことで生まれたスペースを使ってレイアップを打ちます。

1歩目を真っすぐ進行方向に踏み出す

2歩目を真横に出しながらコンタクトする

コンタクトすることで生まれたスペースを使う

レイアップシュートを打つ

ここが スキルのポイント! Point

この動きはガードの選手がビッグマン相手に使っているので、プロの動画も見てもらいたい。しっかりとディフェンスとコンタクトをして一瞬、勢いを止められるようにしよう！

ブロックをかわす高い軌道のフローターシュート

片手でボールを自在に扱えることが大切
手首を返さずに高さを出して素早く打つ
確実にストップしてから真上に飛び上がって早く高く打つ

動画はこちら

手首を返さずに打つことでボールを減速させない

フローターはブロックされにくいシュートになります。

打ち方のコツは、①片手でボールを保持する、②素早く真上に飛んで打つ、③手首を返さないなどがあります。

①は両手でボールを扱うことが多い選手は片手での扱いに慣れましょう。また②ですが、ドライブからストップして確実に減速してから真上に飛んで打つようにします。

最後に③ですが、手首を返すとシュートの速度が遅くなるため、手首を止めるように打ちます。

1

ドライブの勢いを確実に止める

2

片手でボールを扱いながら素早くジャンプする

3

手首を返さずに高い軌道のシュートを打つ

4

ぶつかるとファウルを取られる

ディフェンスにぶつからないように遠くから打つ

ここが
スキルのポイント!
Point

遠めからフローターを打てることで、ディフェンスが詰めにくくなる。そうするとゴール下のフリーの味方にパスを出すフローターでのアシストも使うことができる！

コンタクトしてスペースを確保するパワーステップ

パワーポジションでコンタクトする
当たりに強い姿勢でスペースを作り出す

最後は両手で持ってシュート

動画はこちら

スペースを探すのではなく自ら作り出す

全力疾走中にディフェンスと横並びになると、コンタクトに非常に弱くなります。ドライブによって横並びで勝てる状況を作っていても、コンタクトせずに逃げて止められる場面をよく見かけます。ここで意識したいことは、空いているスペースを探すのではなく、自ら奪うこと。ドライブから最後はパワーポジションでディフェンスにコンタクトし、スペースを作り出してからシュートに持ち込みます。スペースを奪う時は片手でボールを持ち、ディフェンスから遠い位置でシュートを打ちます。

コーナーをドリブルで進む

パワーポジションでディフェンスにコンタクトする

コンタクトすることでスペースが作り出せる

ディフェンスから遠い位置でシュートを打つ

ここが スキルのポイント! Point

パワーポジションでのコンタクトに対してディフェンスがついてきたら、ピボットしてリバースのシュートも有効になる。素早いピボットが踏めるように鍛えておこう！

全身を連動させて打つことが3ポイントシュートのコツ

動画はこちら

シューティングラインをリングに向ける

シューティングラインをリングに向けて打つ

3ポイントでボールが飛ばない原因の多くは、ボールと身体の連動がきちんとできていないから。構えたらボールをリフトしてリリースという一連の動きは、ミニバスの選手もNBA選手も基本は同じです。何が違うかと言うと一連の流れがセットになっているかいないかです。ボールと肩、腰、つま先（シューティングライン）を一直線にしてリングに向け、全身を連動させて打ちます。62ページからのドリルで、全身の連動性の感覚をつかみましょう。

全身を連動して動かしボールをリフトしていく

流れを止めずにシュートを打つ

ここが スキルのポイント! Point

シュートに違和感があったり、シュートフォームがしっくりこない場合は、身体の連動性が崩れている可能性がある。次のページの2つのドリルで連動性を磨こう!

ドリル1

3回ホップしてシュート

リラックスをしてつま先だけで3回ホップをし、3回目にシュートを打ちます。このリズムを覚える。両足で着地してすぐにクイックで打つシュートは身長がない選手にはとても大事になるので、早く打つことを心掛けます。また軽く打てる感覚を大事にしてください。

1

つま先だけでホップをする

2

ホップを3回繰り返す

3

3回目に沈み込み、 ボールと身体をリフトする

4
シュートが入るかよりも
軽く打つことを
大事にする

リフトした流れで軽くシュートを打つ

ドリル2

ボールをリフトしてシュート

ボールをリフトしてシュートを打ちます。頭の位置は肩の上辺りに置き、軽くお尻を引きます(ヒップヒンジ)。そこから真上に上がるスピードと一緒にボールを上げ、シュートを打ちます。よいシュートフォームの条件である楽に打てる感覚をつかみましょう。

1
すぐにシュートが打てるシューティングハンドでボールを持つ

ヒップヒンジの姿勢で床のボールを持つ

2

身体を上に上げるスピードに合わせてボールをリフトする

3
ボールの動きを止めない

そのまま身体とボールをリフトしていく

4
100本打っても疲れないシュートフォームを見つけよう

楽に打つ感覚をつかめるようにこの動きを繰り返す

COLUMN

アメリカ人選手の致命的な弱点

僕と同じチームになった２ｍくらい身長のある選手が、自分でボールを持ち込んで難しいシュートを打ち、外したシーンがありました。そこからカウンターになり、相手の攻撃になったのですが、このシュートを外した選手はディフェンスに走りませんでした。本気で走っていれば守れた場面でしたが、シュートを外したことでふてくされていたのです。

パート1の「本当の才能（22ページ）」で書いたように、バスケットボールの上手さや活躍できるポイントは、目に見えるような背の高さやスピードの速さ、優れた体格ではありません。見た目ではすぐに判断することができない、「どれだけバスケットボールに真っすぐに取り組めているか」という素直な気持ちです。彼のプレーを見ていて、改めて素直な気持ちで取り組むことの大切さが頭に浮かびました。 身体的な能力は見るからに彼らのほうが優れている部分が多いでしょう。ところがそれを出し惜しみなく発揮し続ける能力があるかと言えば「？」です。僕が彼らのような身体を持っていたら、もっともっと試合で活躍できると感じていました。

日本の選手たちは「ちゃんとやらないと」という考えがあるため、ミスをしてもしっかりと動きを切り替えます。もちろんアメリカ人全員ではないでしょうが、こうしたメンタルの不安定さは試合に大きな影響を与える弱点でした。

4

得点につながる
ドリブル

内側から外側に動かす
インアウトドリブル

スピードに乗った
状態で使う
手首の
素早い動きで
ボールを動かす
ボールを長く触る
動きが重要

動画はこちら

スピードに乗った状態で仕掛けていく

インアウトドリブルは、1回のドリブルで「体の内側」「体の外側」とボールを2回動かします。そのため手首の素早い動きが必要になります。

またインアウトは走りながらステップと合わせて仕掛けることで、効果を発揮します。できるだけスピードに乗った状態で仕掛けられるようになりましょう。スピードに乗った状態からボールに長く手をつけて、レッグスルーなどと組み合わせる動きも効果的です。

1

ドリブルでスピードに乗る

2

ボールを内側に動かす

3

ボールの横辺りに手を移して外側に動かす

4

失敗してもよいのでスピードを大事にする

ここが
スキルのポイント!
Point

ボールを長く触りながら身体の真ん中のライン辺りまで動かす。またボールは、できるだけ外側に大きく動かすことを優先させよう!

直線的に仕掛けるスピードレッグスルー

動画はこちら

失敗するリスクを恐れずにチャレンジする

ここで紹介するスピードレッグスルーは、スピードに乗った状態で仕掛けます。ゆっくりとしたスピードでジグザグに動くレッグスルーと異なり、スピードを落とさずに真っすぐに進みます。足がチョキの状態でボールを通しながら進みます。この時のポイントは手と手を近づけること。足の間まで手を入れ、受け手の準備をしておきます。スピードが上がると難易度が上がるため失敗するリスクが高くなりますが、特に速攻ではこうしたリスクを背負うことも大切です。

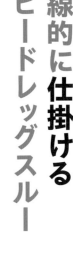

スピードに乗ったドリブルをする

足がチョキの状態でボールを通す

進行方向を変えない

失敗するリスクを恐れずにトライする

ここが スキルのポイント！ Point

練習ではパスをできるだけ前に出してもらい、走りながら飛びつくようにキャッチする。そこからスピードレッグをすることで、難易度の高い練習ができる！

タイミングを遅らせるディィレイレッグで仕掛ける

相手が油断した
隙に一気に
スピードを上げる
ボールが反対側の
手に触れる直前で
動き出す
ヒンジの
姿勢を取る

動画はこちら

相手の油断や隙をついて突破を図る

少し遅れたタイミングでアタックするドリブルです。通常のレッグスルーは、ボールが地面についた瞬間にドライブを仕掛けますが、ディレイレッグではボールが反対側の手に触れる手前で仕掛けます。通常の仕掛けはディフェンスにばれやすいため、このようにタイミングをずらすことが有効です。レッグスルーをする直前の前傾姿勢に対してディフェンスは警戒するか、こちらが何もしなければ油断をしたり、前に詰めます。その隙を逃さずつきます。

前傾姿勢を取る。 ディフェンスは何かしらの動きをする

ディフェンスの動きを見ながらレッグスルー

油断したり詰めてきたらボールが手に触れる直前で仕掛ける

相手の油断や隙をついて一気に加速する

ここが スキルのポイント! Point

バスケットが上手い人は、相手が油断したりスピードを上げていないときに、いかに自分のスピードを上げるのかを考える。一気に加速するためにはヒンジの姿勢が大事だ!

反応がよいDefを抜き去るクイッククロス

ディフェンスの
1歩目への
反応に対して使う
ドリブルと
反対側の
足が出た
ときに突く
1歩目を
着いた瞬間
に切り返す

動画はこちら

ディフェンスの反応に合わせて仕掛ける

足を1回下げてから前に出るトリガーステップ。この1歩目を着いた瞬間に切り返します。一般的なクロスはドライブしてからボールと一緒に切り返すことが多いのですが、これだとディフェンスが反応しやすく、先回りされることもあります。通常のドリブルのリズムが「パンパン」だとすると、クイッククロスは「パパン」というイメージです。

まずは普通にアタックをし、こちらの1歩目にディフェンスが反応した時に使うと非常に効果的です。

まずは通常のアタックで突破を試みる

ディフェンスが反応したらドリブルと反対の足が出た時に切り返す

素早く切り返してアタックする

反応がよいレベルの高いディフェンスほど効果がある

クイッククロスはドリブルしている手と反対側の足が前に出た時にボールを突く。基礎練習では出てこない動きなので、自主練で取り組もう！

仕掛けに緩急をつける
パンチストップ

動きに
緩急をつける
腰を上げずに
突いた足を
引き戻す
ボール側の足を出して
かかとから強く踏み込む

動画はこちら

ディフェンスの反応に合わせて仕掛ける

パンチストップは止まるためのドリブルですが、素早く動きつつ、すぐに止まれることが重要です。ボールを持っているほうの足を前に出し、かかとから地面に強く突きます。この時の足は足じゃんけんのチョキのような形になります。そこからパワーポジションをキープしたまま、止まるため足の位置からシュートが打てる姿勢に瞬時に移ります。上半身が前に倒れすぎないようにしましょう。またすぐに再アタックやシュートに移れるよう、腰を浮かせないようにします。

1

アタックを仕掛ける

2
足はじゃんけんの
チョキの形

ボールを持っているほうのかかとから強く踏み込んで勢いを止める

3

シュートが打てる姿勢を作る

4

バランスを崩さず素早く打つ

ここが スキルのポイント! Point

身長が低い選手は素早いフットワークが武器になる。小さくて遅ければ試合に出してもらうこともない。だから素早いフットワークを誰よりも練習して身につけよう！

Defとの大きなずれを作る
アンダードラッグ

ランジの動きで
止まり上半身を
前傾させる
ディフェンスに
体重を預けて止まる
(コンタクトする)
リングにアタックする。レッグスルーは
前から後ろにボールを引っ張る

動画はこちら

スペースを作ることに最適のスキル

アンダードラッグはスペースを作ることに最適なスキルです。ボールを突いているほうの足を出してレッグスルーでボールを後ろに引っ張ります。ドリブルから足をチョキにしてレッグスルーをし、スペースが空いていたらシュートを打ち、相手が詰めてきたら逆サイドにアタックします。ポイントは①相手に体重を乗せてコンタクトする、②ランジの動きで止まる、③レッグスルーの角度は前から後ろ、④リングにアタックしてレイアップを狙うという4つです。

1
レイアップを
警戒するから
Defが下がる

リングに向かってアタックする

2
この時にDefに
体重を乗せる

ボールを持ったほうの足を出して止まる

3

前から後ろにボールを引っ張るようにレッグスルー

4

ディフェンスの反応に応じてシュートか逆サイドへのアタックをする

ここが
スキルのポイント!
Point

いくらやってもディフェンスとずれが作れない場合には、リングに向かっていない可能性がある。シュートを警戒するから相手が下がることを常に意識しよう！

素早く重心移動するフェイクShifty

ボールの横まで
引っ張ることで
ためを作る
低い軌道の
転がす
ドリブルを突く
ボールと一緒に
身体を動かす
ことでリアルな
フェイクになる

動画はこちら

ドライブを予測させない状況で仕掛ける

Shifty（シフティー）とは重心移動のことで、ドリブルをしながら体重を左右に動かしてDefにフェイクを仕掛けます。自分はその場から動かずにドライブのフェイクを見せ、Defが反応するような動きを入れます。動きすぎると相手に囲まれる危険があります。相手にはピック&ロール（PnR）で味方を呼ぶ振りなどをして、ドライブ以外のことを意識させます。また低く転がるようなドリブルをすることで、フェイクからドライブまでの流れを素早く行うことができます。

1
軌道が低い
転がすドリブルをする

自分はその場から動かずにドライブの姿勢を作る

2

ボールと同じほうに身体を向けてフェイク

3

素早くクロスオーバーをする

4

フェイクにかかったディフェンスを抜き去る

ここが
スキルのポイント!
Point

コニーの代名詞ともいえるShifty。股関節に体重を乗せて細かく速く重心を移動することで、きれのあるフェイクになる。自分は動かずに相手を動かすようにしよう!

パワーポジションでDefを押し込むバックダウン

パワーポジションを
取りヒジを曲げて
コンタクトする
相手とボールの間に
身体を入れる
ゴリゴリ押し込む

動画はこちら

コンタクトしながら押し込んで進む

バックダウンはディフェンスからのプレッシャーが激しい時に使えるスキルです。ドリブルを突かないほうのヒジを曲げてディフェンスとコンタクトし、そのままディフェンスを押し切るようにしてボールを運びます。この時に大事になるのがバスケットの基本姿勢であるパワーポジション。この姿勢を取ることで簡単に当たり負けせずに相手を押し込むことができます。またボールを失わないために、ボールとディフェンスとの間に身体を入れます。

当たり負けしないパワーポジションを取る

ディフェンスとボールの間に身体を入れてドリブルを突く

下から上に突き上げる
イメージがあってもいい

腰の高さを変えずに押し込んでいく

ゴール下までボールを運ぶ

ここが
スキルのポイント!
Point

身長差があっても下から上に突き上げるように押し込めば、相手に押し返されにくい。もちろんやりすぎるとファウルを取られるので注意しよう!

全速力でボールを運ぶ
プッシュドリブル

1ドリブルで
3〜4歩進む
スピードに乗った
ドリブルをする
ボールを前に
押し出す

動画はこちら

普段よりも前に
ボールを押し出す

パート2でも触れたように、速攻などで使う全力で走りながらのドリブルがプッシュドリブルです。高さがなければよりスピードに乗れるスキルを身につけるべきで、そのためにはボールを持たずに走る時間を長くします。いつもよりも進行方向にボールを押し出すように突き、3〜4歩走ってから再びドリブルをするイメージです。またパスをもらってからダッシュするのではなく、ダッシュをした状態でパスを受けることで、よりスピードに乗ることができます。

ボールに飛びつくようにしてワンハンドでキャッチする

前に押し出すように突く

3〜4歩走ってボールに飛びつく

できるだけスピードに乗ってボールを運ぶ

ボールを押し出す角度が甘いと上にバウンドしてしまい、せっかくのスピードを活かせなくなる。日頃から全力で走るプッシュドリブルと押し出す角度を練習しておこう！

ドリブルと見せかけて打つ
ヘジプルアップ

ディフェンスの動きを見て
シュートかドライブかを選択する
自然なドリブルの
スタートをする
一気にストップし
プルアップシュートを打つ

動画はこちら

自然なドリブルから急ストップして打つ

ドリブルで仕掛けると見せかけてディフェンスを下がらせ、そこからジャンププルアップシュートを打つスキルです。緩急をつけてゆっくりとドリブルを突いた状態から一気に加速するように1歩を踏み出し、ディフェンスが下がった動きを見てストップし、シュートを打ちます。ドリブルのヘジテーション（ヘジ）を仕掛ける時は、いつもと変わらないドリブルのスタートをすることが大事です。ディフェンスにばれない自然な動きを心掛けましょう。

ディフェンスに見破られないよう自然にドリブルの動きに入る

ドライブの姿勢を作る

シュートの足を作る

ディフェンスを下がらせてプルアップを打つ

試合中にこのヘジプルアップやショットヘジが決まると、ディフェンスは常に判断に迷うことになる。いろいろなスキルを持っていることでこういった有利さも手に入れられる！

COLUMN

これまでで一番痛かった……

アメリカでのワークアウトは年齢が関係なく行われるため、3対3で相手に小学校5年生の選手が入ってきたことがあります。僕は一人を抜き、彼に対してユーロステップでずれを作ってボールを少し下しました。そうしたら思いっきり手をはたかれました……。

もちろんファウルでしたが、しばらくヒリヒリとするほどの過去一の痛みでした。僕は心のなかで「このク〇ガキが」と思いましたが、彼にしたら悪気はなく純粋にシュートを止めようとしたのです。そして、そうしたプレーをしたことに対して「悪い」という価値観もなかったのです。

もちろんプレーの選択肢として、ファウルで相手のよい動きを止めることもあります。僕が行っていたワークアウトは意識が高い選手が集まっていました。日本ではファウル＝悪（よくないこと）と捉えがちですが、NBAではファウルを戦略的に使う賢いプレーもあります。礼儀やマナーは日本の素晴らしい文化ですが、コートの中に入れば年齢や性別は関係ありません。小学生が大人に対しても遠慮なくプレーをするのを見て、「誰よりもバスケットに真っすぐだな」と感じましたし、ファウルを受けた後はとことんやってやろうという気持ちになり、お互い遠慮なくプレーができました。このようなプレーを通じて改めて「遠慮」という気遣いはスポーツをつまらなくする要因だと感じたのです

日本ではこの年代の選手と一緒にプレーしても、その選手がファウルをしてでも止めにくることもないでしょう。そのようなプレーからも「バスケはシュート」というアメリカの考え方が伝わってきました。後になって大人げなかったなと思いましたが、それにしても痛い思い出です。

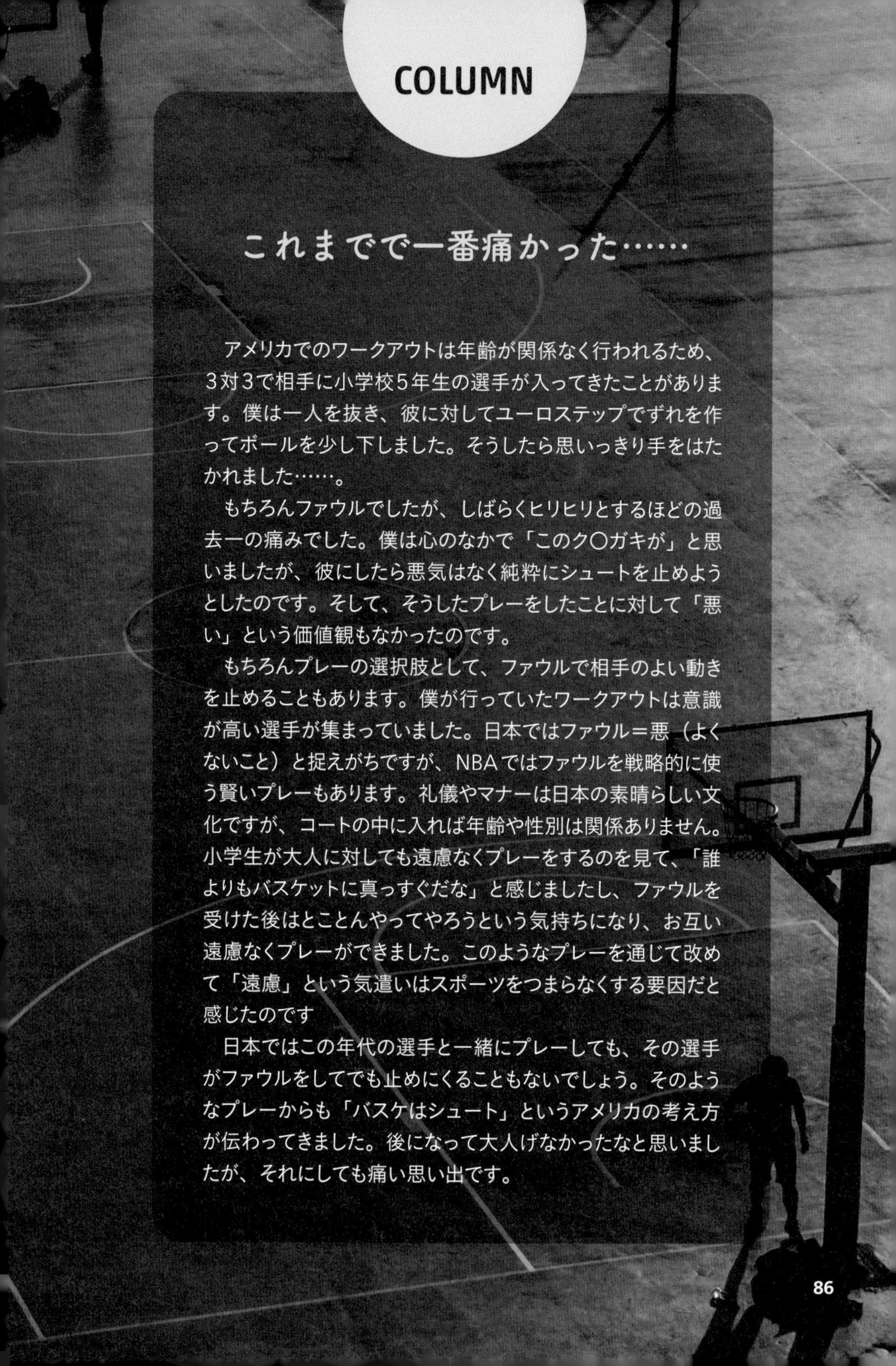

5

得点につながるパス

よいアシストをするための3つのポイント

シュートは1人を幸せにするアシストは2人を幸せにする

得点につながるパスであるアシスト。自分がディフェンスを引きつけることで味方を生かし、得点に結びつけることができます。そのアシストを簡潔に表した言葉が「シュートは1人を幸せにする。アシストは2人を幸せにする」です。

このパートでは10個のパススキルを紹介しますが、その前にここでアシストが上手い選手がやっている3つのポイントを紹介します。いいプレーには技術だけでなく知識も必要です。その知識を覚えましょう。

ポイント① 逆サイドを狙う

ディフェンスは基本的にボールがあるほうに集中します。

例えば自分が右に攻めている時はディフェンスも右側に集まります。すると逆サイドの左側にフリーの仲間がいることが多いのです。そのためドライブした時は必ず逆サイドを確認するようにします。そしてフリーの選手がいたらディフェンスを自分に引きつけた状態でパスを出します。ディフェンスの動きを見ながら強いパスやフックパス、バウンズパスやまた抜きパスなどで味方にボールを送ります。

ポイント② 速くボールを運ぶ

ハーフコートでゆっくりと攻めている時はディフェンスもし

っかりと守ってきます。ところがトランジションなど速い展開のバスケットでは、マークマンがあやふやになったり、アウトナンバーができたり、ディフェンスの数が少なくなるシチュエーションが生まれます。こうした時にこそ、よいパスが生まれます。

毎回ゆっくりと攻めるのではなく、まずは速くボールを運ぶ展開を狙いましょう。その時にディフェンスが慌てていればそのまま攻めます。ボールをもらう前に「仲間が速く走っているか」「ディフェンスの戻りが速いか遅いのか」を確認し、効果的なパスを狙います。

ポイント③ ペイション（忍耐）する

ボールを奪われたくないという気持ちから、急いでパスを出す選手を見ることがあります。こうしたパスはすぐにディフェンスに対応されるため、受けたほうも差し込まれてしまいます。

味方を生かしたり、フリーの状況を作るためには、できるだけディフェンス、それも複数のディフェンスが寄ってくるようにペイションします。そのためにはドリブルキープをしたり、リングへのアタックを狙ったりします。そうすることでフリーの味方が生まれ、ナイスパスが狙えます。

すべての基本となる速くて強いパス

パスを出したいほうに腕を伸ばして押し出す
腰を浮かせない
踏み込んだ足に体重を乗せる

動画はこちら

重い物を押すように腕でボールを押し出す

パスの基本というと両手でのチェストパスだと思う人も多いでしょうが、両手でのパスはパスコースが限られるため試合ではほとんど使えません。パスの基本は片手、ワンハンドで出す強いパスになります。動きのポイントは①パワーポジションから腰を浮かせないこと、②踏み込んだ足に体重を乗せること、③パスを出したいほうにしっかりと腕を伸ばしてボールを押し出すことの3つです。利き手だけでなく両方の手で強いパスが出せるようになりましょう。

1
パスを出したいほうに身体を向ける

2
踏み出した足にしっかりと体重を乗せる

3
重い物を押すように
力強く出す
出したいほうに向かってボールを押し出す

4
しっかりとフォロースルーをする

ここがスキルのポイント! Point

強いパスが出せないと、練習でも緩いパス交換しかできない。パスやキャッチが上手くなるコツは、日頃から強くて速いパスを受けること。そのためにもこのパスをマスターしよう！

味方のスピードを生かすリードパス

味方の前に出す
空いているスペースやシュートチャンスになる場所に出す
両手でチェストパスかバウンズパス

動画はこちら

走っている前に出していく

　リードパスは走っている選手の前に出すパスです。「ここに動けばシュートチャンスだ」という場所に出したり、ディフェンスのいないスペースに気づいていない味方の動きをリードします。基本は両手で、チェストパスかバウンズパスを送ります。よいスペースに取りやすいパスを出すことで、味方も気持ちよくプレーすることができます。走るコースに対して後ろに出したり前過ぎることがないように、味方のスピードや動きを見ながら出すようにします。

全体の状況を把握しておく

味方のスピードや方向を見て
素早くパスを出す

味方の動きの判断が重要になる

特に速攻時は全速力で取れるくらいの位置に出す

ここが スキルのポイント! Point

パート2で紹介したトランジションでの「飛び込みながら捕る」パスはこのパスのこと。ギリギリ捕れる位置にパスを出すためには強いパスと同様に日頃からの練習が大事になる！

ディフェンスを引きつけて外側に出すキックアウト

味方の状況を
把握する
リングにアタックして
ディフェンスを
引きつける
外側のフリーの
味方にパスを出す

動画はこちら

フリーの味方はパスを受けてアウトサイドからシュート

ゴール下にアタックした状態からアウトサイドの味方に出すパスのことで、キックアウトは「追い出す」という意味があります。自分のディフェンスとヘルプに来るディフェンスを引きつけてからパスを出すことで、アウトサイドにフリーの味方にシュートチャンスが生まれます。またキックアウトからのシュートは成功率が高くなるともいわれています。パート4のドリブルスキルを使い、積極的にリングにアタックすることで、得点チャンスが生まれます。

リングにアタックをする

複数のディフェンスを十分に引きつける

フリーの味方にパスを出す

アウトサイドからのシュートをアシストする

ディフェンスとのずれを作って積極的にリングに仕掛けることで、ディフェンス側にノーマークや受け渡しミスが生まれる。ドライブのスキルがあってはじめて成り立つのだ！

高い軌道で出すフックパス

山なりの高いパス
手首を横にスナップさせる
逆サイドの味方にパスをする時に有効

動画はこちら

パスの中でも最優先で身につけるべきパス

　フックパスは逆サイドの仲間がフリーだった時や、激しく守られた時に有効な立体的なパスです。ボールを片手で持ち、腕を挙げながら手首を横にスナップさせて山なりのパスを出します。腕が円を描くように頭上の高い位置でボールを離します。

　ディフェンスが横に出すパスを意識している場合には、このような立体的なパスへの想定がありません。そのためドライブや横へのパスと見せかけてから、フックパスを出しましょう。

1
アタックを仕掛ける

2
ボールを片手で持ってジャンプする

3
円を描くように腕を回す

4
山なりの軌道に
なるようにする
手首を横にスナップさせてパスを出す

ここが スキルのポイント！ Point

フックパスを決めるためには、事前のディフェンスとの駆け引きやタイミングが重要になる。相手が想定していない状況であれば狙っていこう！

ディフェンスに読ませない ノールックパス

ディフェンスに読まれないように素早く出す
味方の位置を把握しておく
味方が捕れる場所に出す

動画はこちら

ノーモーションで素早く強く出す

味方のほうを見ないで出すノールックパスは、ディフェンスの意表を突けるパスです。その反面味方も意表を突かれてキャッチミスをすることがあります。ノールックパスで気をつけたいことは、直視せずに味方の位置を把握しておくことと、味方が意表を突かれても取れるところにパスを出すことです。それからディフェンスにパスを読まれないために、パススキルとハンドリングスキルが必要になります。こうしたスキルを磨いておきましょう。

ドリブルで仕掛ける

視線や身体の向きで
パスコースを読ませない

ディフェンスに読まれないようにパス動作に入る

素早く強いパスを出す

味方が捕れる位置に出すことも重要

ここが
スキルのポイント!
Point

味方がノールックパスを想定していなかった場合は、ディフェンスも想定できていないことがほとんど。不意を突かれても味方がキャッチできるようによい位置にパスを出そう!

背中側を通す
ビハインドパス

肩甲骨を引いて
背中にボールを回す
遠心力と指先を
使ってパスを出す
リリースが早ければ後ろ側、
遅ければ横に出せる

動画はこちら

ディフェンスが詰めた場合には背中側からパスを通す

ビハインドパスは身体の背面にボールを回して出すパスです。ディフェンスが詰めてきている状況ではボールを身体の正面で扱うパスが難しくなります。そのような時にボールを扱う空間がある背中側を使ってパスを出します。ポイントは、肩甲骨を引いて身体の背面へボールを回し、その際の遠心力を使ってパスを出すこと。そして最後は指先を使ってパスを出す方向のコントロールをします。ゴール前まで仕掛けて横にいる味方に出すなどの状況で使えます。

ゴールに向かって仕掛ける

ディフェンスが詰めてきたら肩甲骨を引く

遠心力を使って背中側からパスを出す

リリースのタイミングと指先で方向を調節する

ここが
スキルのポイント!
Point

ビハインドはリリースするタイミングでパスを出す方向を変えられる。リリースが早ければ身体の後方に、遅ければ横方向へのパスになる！

小さなモーションで素早く出すポケットパス

自分もアタックして
得点を狙う姿勢を
見せる
ドリブルから
持ち替えずに出す
ディフェンスの
足元で
バウンドさせる

動画はこちら

ディフェンスの足元を狙って出す

ポケットパスは、腰（ポケット）から出すパスのことです。パスモーションが小さく、ドリブルからボールを持ち替えることなく出せるというメリットがあります。自分もドライブしながらシュートの選択肢を持っておくことで、ディフェンスはパスへの反応が遅れ、カットされにくいところから出すことができます。主にピック&ロールでディフェンスの間にダイブした味方に使うことが多いため、ダイブした味方のスピードや方向に上手く合わせるスキルが必要になります。

1

ドリブルで仕掛ける

2

ドリブルの流れでパスの動きに入る

3

ディフェンスの足元でバウンドさせるようにパスを出す

4

小さなモーションで素早く味方にボールをつなげる

ここが
スキルのポイント！
Point

ディフェンスの間を狙って通すことが多いポケットパス。ディフェンスの足元でバウンドさせるようにすると、カットされにくい！

ディフェンスが反応しにくいパスザウィンドウを狙う

顔の横を狙ってパスを通す
ハンズアップしたら脇の下を狙ってバウンズパス
ディフェンスの近くから出す

動画はこちら

すぐに反応できない場所にパスを通す

ウィンドウ（窓）は、顔の横の空間を意味します。つまりパスザウィンドウとは、ディフェンスの顔の横を通すパスになります。この空間はディフェンスがすぐに反応して手を出せないため、パスが通りにくいのです。ただしディフェンスとの距離が遠ければ簡単に反応されてしまうため、ディフェンスと近い距離で出す必要があります。もしディフェンスがこちらのパスを読んでハンズアップした場合には、脇の下を通るバウンズパスを使います。

ディフェンスに近づく

顔の横を通すようにパスを出す

ディフェンスがハンズアップをした場合

脇の下を通すようにバウンズパスを出す

ここが
スキルのポイント!
Point

パスザウィンドウは、常に顔の横と脇の下の2択で考えておく。まずは顔の横を狙い、ハンズアップしてきたら脇の下を通すようにバウンドパスを出そう！

ディフェンスの頭上を越えるロブパス

ディフェンスの
頭上を越える
軌道で出す
味方が
キャッチしやすい
軌道を狙う
床を強く蹴って
ボールを浮かせる

動画はこちら

ディフェンスと味方の距離を把握する

ロブパスはフワッと浮くような軌道のパスです。ディフェンスの上を越えてパスを通せるため、非常に有効なパスになります。しかし浮いている軌道は味方がキャッチしにくく、素早く次のプレーに移行することが難しいというデメリットもあります。使い方の例としては、ゴールに向かって仕掛け、ディフェンスを引きつけたところでアウトサイドにロブパスがあります。コントロールが難しいですが、ディフェンスを越えつつ味方の手に届くパスを狙いましょう。

ゴールに仕掛けていく

床を強く蹴る

ジャンプしてレイアップと見せかける

フワッと浮かせる軌道でパスを出す

ディフェンスの頭上を
越えるようにする

アウトサイドへの味方にパスを通してシュートを狙う

ここが
スキルのポイント!
Point

ロブパスの使いどころは様々。NBAなどハイレベルな試合をたくさん見ることで、自分なりの使いどころを増やそう!

股の間にボールを通す
股抜きパス

瞬間を
見逃さずに出す
股の間を
しっかりと通す
待ち構えている
ディフェンスに対して狙う

動画はこちら

棒立ちのディフェンスがいたらチャンス

股抜きパスは名前の通り、ディフェンスの股の間を通すパスのことです。ディフェンスがハンズアップをして高い姿勢で守っている時にドライブで仕掛けると、ヘルプのディフェンスがゴール下へカバーに来た際には棒立ちになることが多いです。その瞬間を見逃さずに股抜きパスを出せば、ディフェンスはパスに反応することができません。ポイントとしては、しっかりと股の間を狙ってパスを出すことと、股を越えたところでバウンドさせること。練習で味方とタイミングを合わせましょう。

ドライブで仕掛ける

この瞬間を逃さない
ことが大事

ディフェンスが高い姿勢で止まっている時がチャンス

股の間を目掛けてパスを出す

股を越えてから
バウンドさせる

味方にパスをつなげる

ここが
スキルのポイント!
Point

股抜きはパスだけでなくドリブルでも使える。ドリブルで仕掛けながらディフェンスの足にも注意を払っておき、味方の位置を見ながら股の間にボールを通そう！

COLUMN

リスペクトを集めろ!!

コートにいる人たちでチームを作って試合をするピックアップゲームというスタイルがあります。アメリカの公園や体育館などゴールのある場所でよく見られる光景のひとつです。僕がこのゲームに入った時に、最初は「お前は誰？」のような感じで、誰も興味を持っていません。英語を話せないから当然でしょう。ところがゲームがはじまり、ドリブルスキルで仕掛けて点を取ると、一瞬でみんなの見る目が変わりました。「お前、やるじゃん」のような感じです。得点を取るプレーだけでなく、ルーズボールに飛び込んだり、本気でボールを奪い合ったりすると、相手にもやる気が伝わるものです。この出来事はアメリカでのことでしたが、日本でも同じです。「自分には芯がない」「スキルがない」と卑下するのではなく、誰でもやれる取り組みに一生懸命に取り組むだけでも人からのリスペクトがもらえます。リスペクトがもらえるとそこから仲間も増えていきます。

プレーだけでなく取り組み方や考え方など、何かに本気で取り組むことで、もらえるリスペクト。そう思ってもらえたら、自分が本気でやっている証拠です。

6

得点につながる連携の動き

チーム力を上げる5Dを理解する

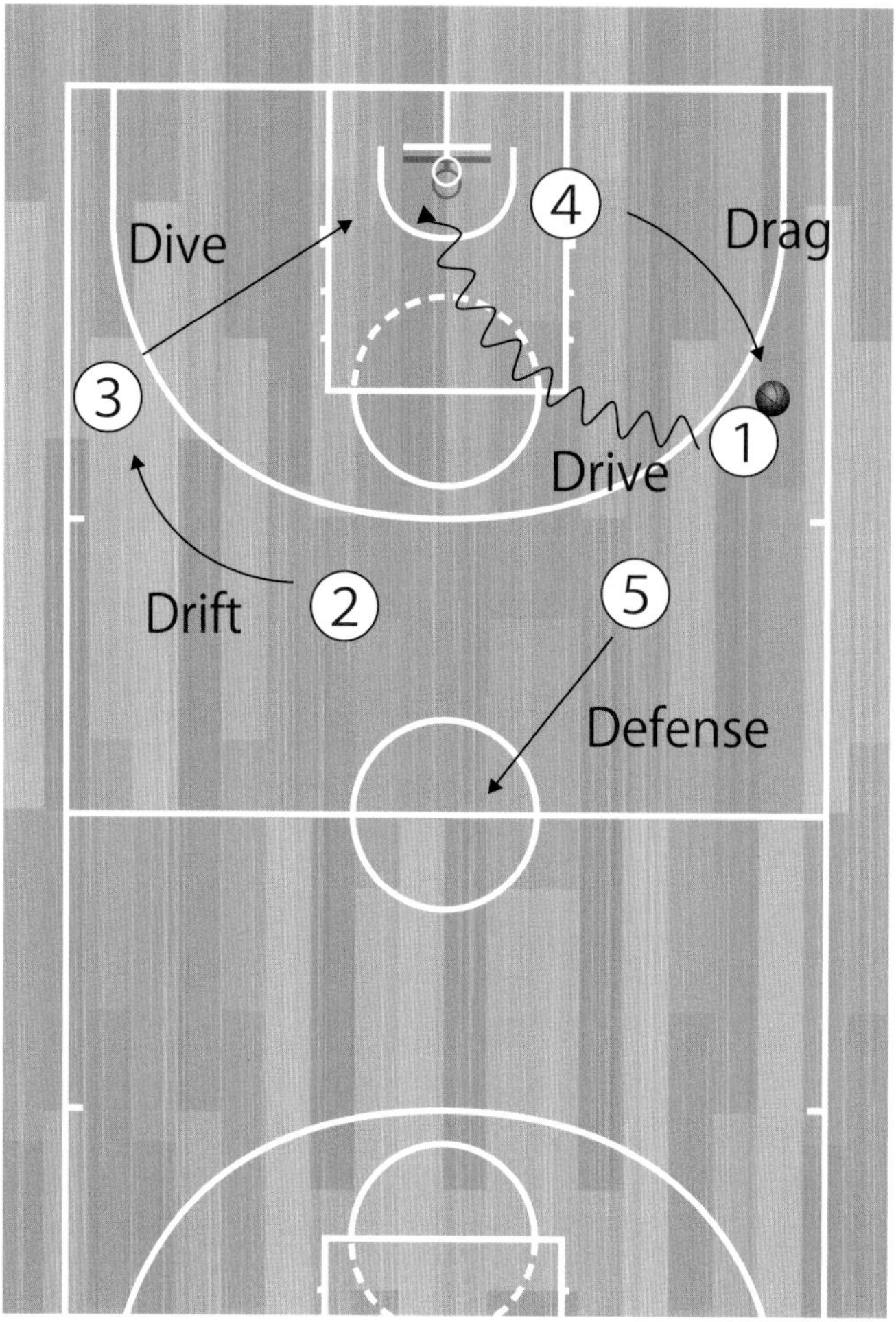

動画はこちら

高めのポジションから一気に走り込む

5Dとは試合でよく起こる基本の動きです。5つの動きの頭文字がDのため、このように呼ばれます。5Dは、①ドライブ（Drive）、②ドリフト（Drift）、③ダイブ（Dive）、④ドラッグ（Drag）、⑤ディフェンス（Defense）になります。このうちドライブは、リングにドリブルを使って侵入する動きであり、皆さんも知っている動きのため、ここでの説明は割愛します。5Dができるとチーム力がぐんと上がるため、仲間に説明できるくらい理解しておきましょう。

ドラッグ(Drag)

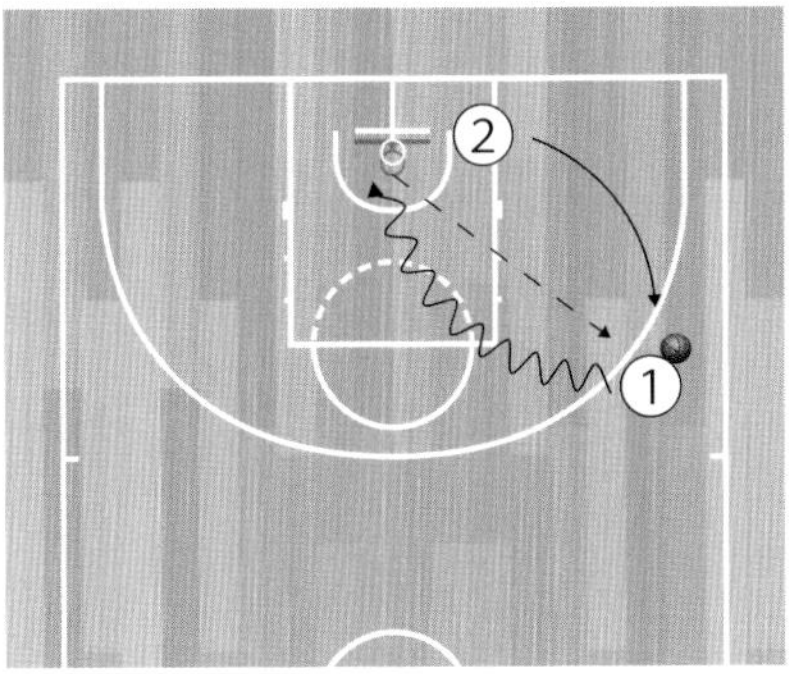

ドライブした選手がいたところに動く。誰かがドライブすると必ずスペースが生まれるので、その選手がいたところに穴を埋めるように動く。ボールを受けながら、身体をリングに正対させ、素早く次の動きに移れるように準備することがポイント

ドリフト(Drift)

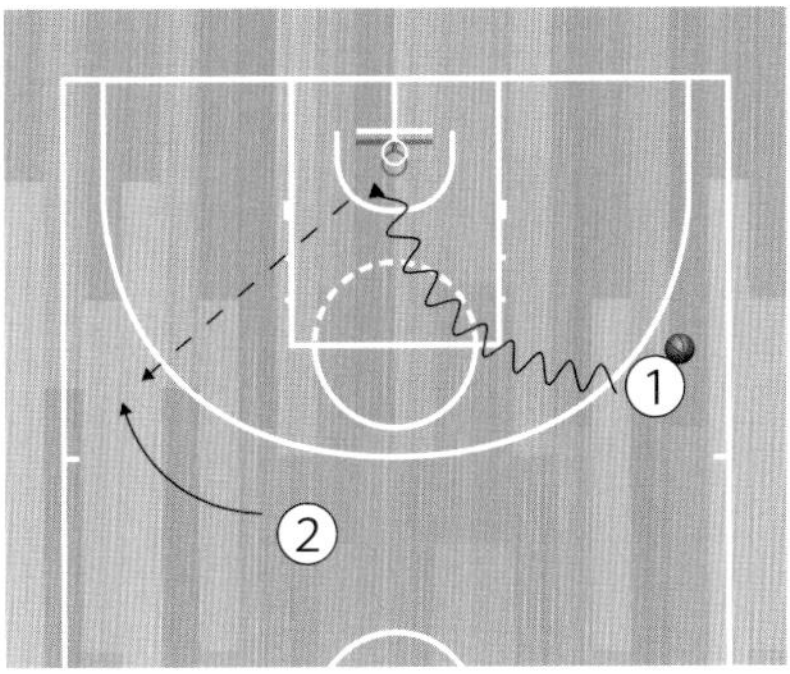

仲間がドライブしている時に邪魔にならないように離れていく動き。ドリフトすることでディフェンスはボールマンのヘルプが行きにくくなったり、自分についてきた場合は仲間がフリーでシュートを打てるなど、いろいろなチャンスを作ることができる。自分のほうにドライブしてきたら、離れるように動く。パスが来た場合はディフェンスを見てドライブかシュートかを正確に判断する

ディフェンス(Defense)

仲間がドラッグやダイブをしているときに自分も同じ動きをしてしまうとスペースが狭くなったり、ディフェンスが守りやすくなる。特にトップにいる時、早めにディフェンスに戻ることで狭いコートも全員がスペースを十分に使うことができる

ダイブ(Dive)

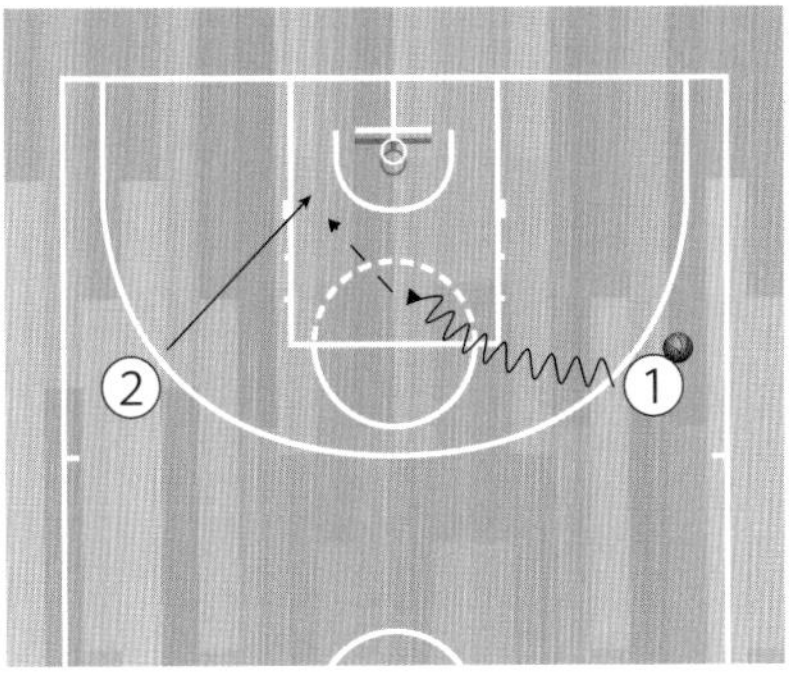

ゴールに向かって飛び込んでパスをもらう動き。逆サイドで仲間がドライブしている時に合わせると有効。ディフェンスがボールウォッチャーになっている時に飛び込むことで仲間からのアシストをもらえる。飛び込むスペースを見ておくことも大切。一度ダイブしたら、途中で止まらずに走りきる意識を持っておくこと

ディフェンスの裏に抜け出すバックドア

高い位置から
全力で走り込む
スペースを見逃さない
ように広い視野を持つ
ディフェンスの裏の
広いスペースを狙う

動画はこちら

高めのポジションから一気に走り込む

バックドアは、マークマンの裏をついてゴールに向かって走り込みパスを受ける連係プレーです。多くの人が気づいていませんが、Defがやられて一番嫌な動きはバックドアです。そしてフリーでボールを受ければ走り込んだ勢いを落とさずにリングに攻めることができます。たとえボールがもらえなくても、Defを引きつけてスペースを作れます。ボールを受けたらリングにアタックし、レイアップシュートを狙います。

1
ターゲットハンドを
伸ばして声を出す

ディフェンスの裏に走り込む

2

全力で走り込んでボールを受ける

3

ボールを受けたらリングにアタックする

4

レイアップシュートを狙う

ここが
スキルのポイント!
Point

バックドアを成功させるためには全速力で走るスピードが必要。もしディフェンスが上手く守ってきたら、リングに走るフェイクからコーナーに向かって3ポイントも効果的だ!

ピックとロールが連動する戦術PnR

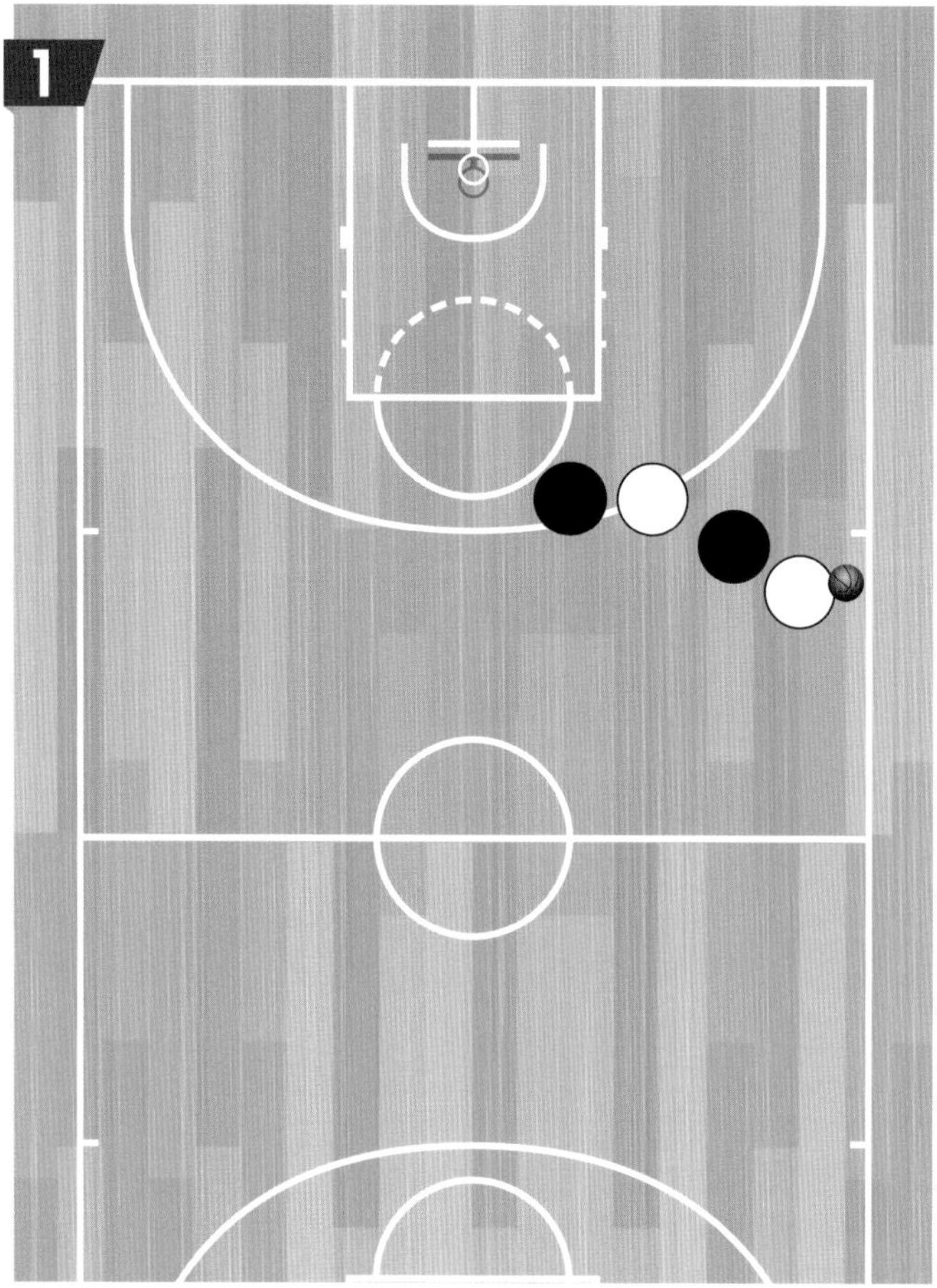

ボールマンがピックしてスクリーナーを呼び、 スクリーナーがディフェンスの横で壁となる

スクリーンプレーから ずれを作って攻める

PnR（ピックアンドロール）は、「ピック」プレーと「ロール」プレーが合わさった戦術で、現在のバスケの主流になります。ピックは、ボールマンをマークしているディフェンスに対してスクリーンを仕掛けるプレーです。それからロールとは、ピックに行った味方（スクリーナー）がボールに対してターンをして正面を向き、自らフリースペースへ動くプレーです。そしてPnRはスクリーナーとボールを持った選手のDeFがぶつかったときにロールターンをします。

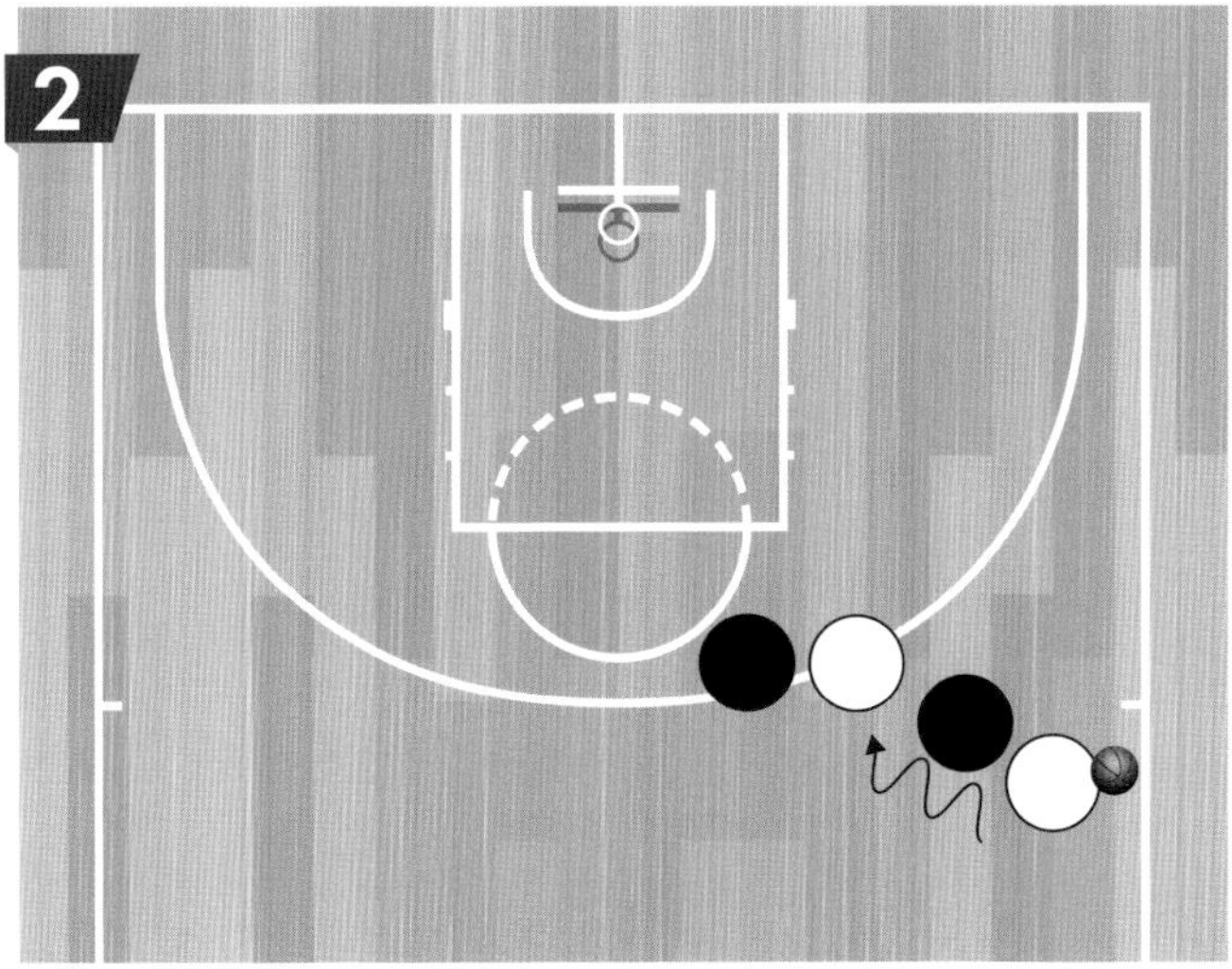

ボールマンはドライブして切り込む。 同時にスクリーナーはフリースペースに走る

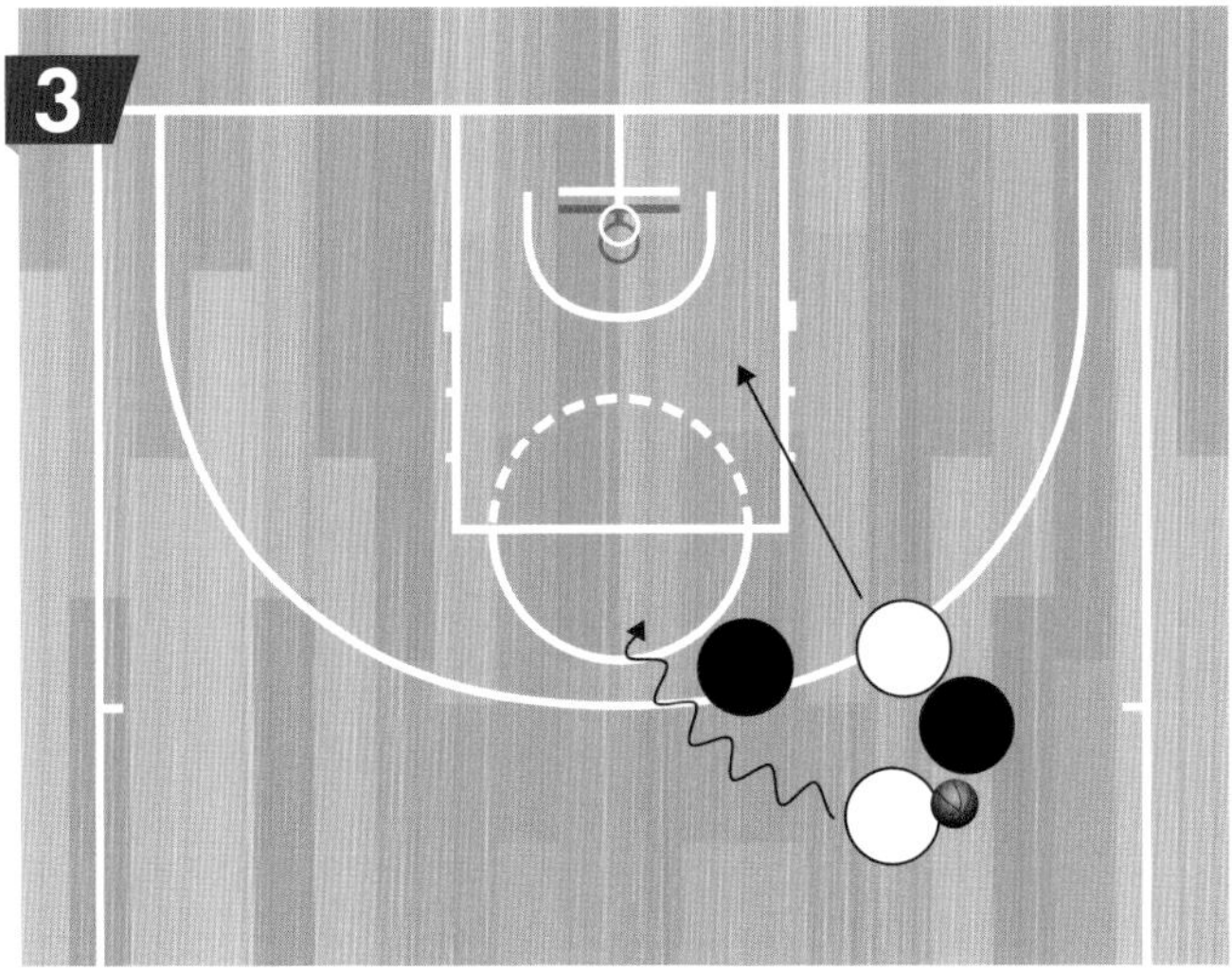

ボールマンはシュートかパスかの判断をする。 スクリーナーはパスが来た場合はシュートを狙う

ピックプレーの時にディフェンスがマークを交換（スイッチ）した場合には、身長やスピードのミスマッチを起こすこともできる！

ドライブからDHOでボールを受けてシュート

DHOの例

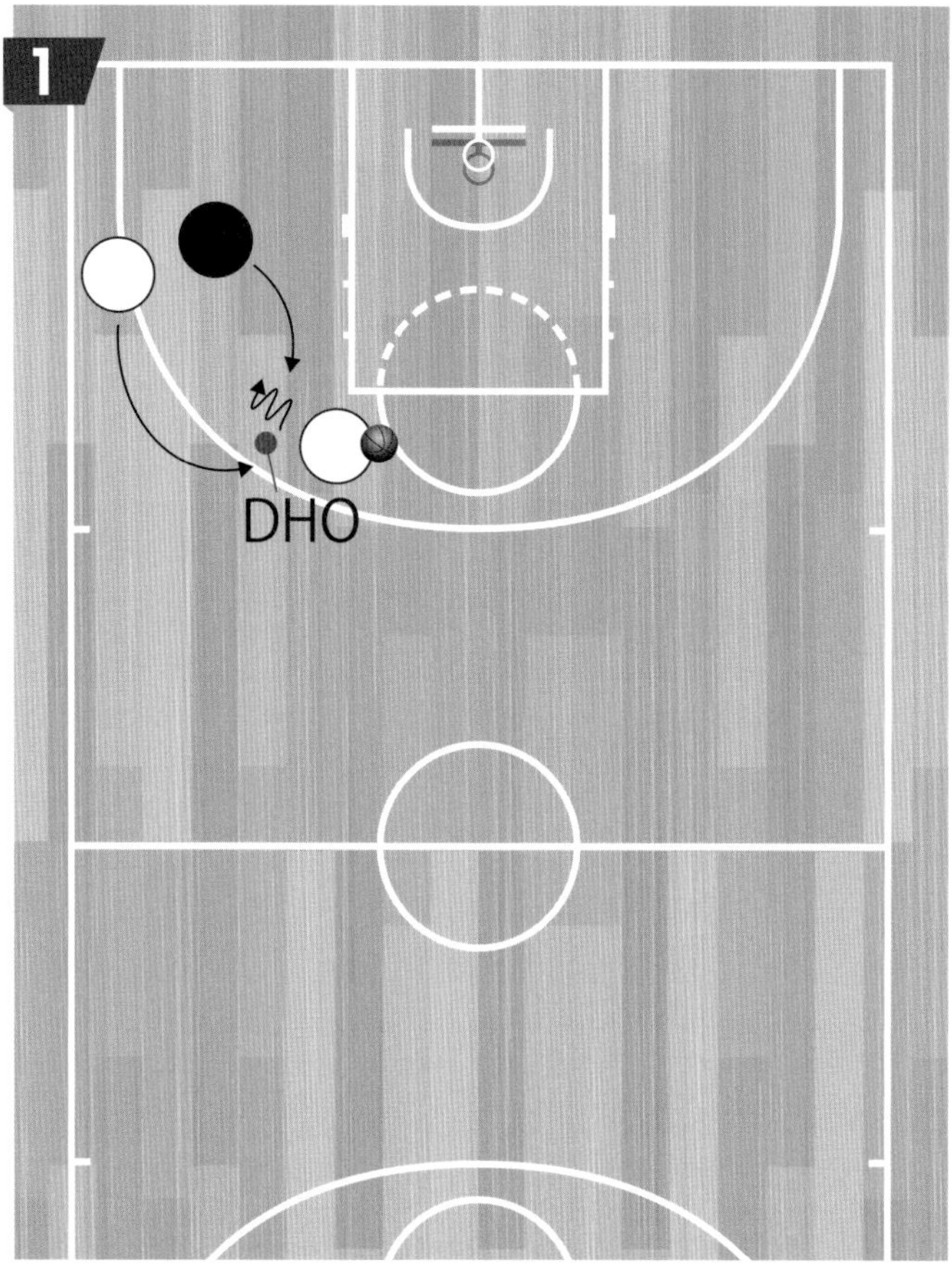

ボールマンのドライブに合わせて味方が交差する

動画はこちら

ドライブに合わせて交差しパスを受ける

DHOとは「ドリブル・ハンド・オフ」の略で、ボールマンがドリブルから味方に手渡しでパスをするプレーです。またDHO後にパスをした味方がスクリーンをかけることが多く、スクリーンまでをDHOと呼ぶこともあります。DHOの場合はハンドラー（ボール持っている選手）がフリーで動けるため、Defを振り切りやすいです。またスクリーンを使うか、使わずに逆サイドに攻めるか（リジェクト）を決めることができます。このように柔軟な攻め方が可能になります。

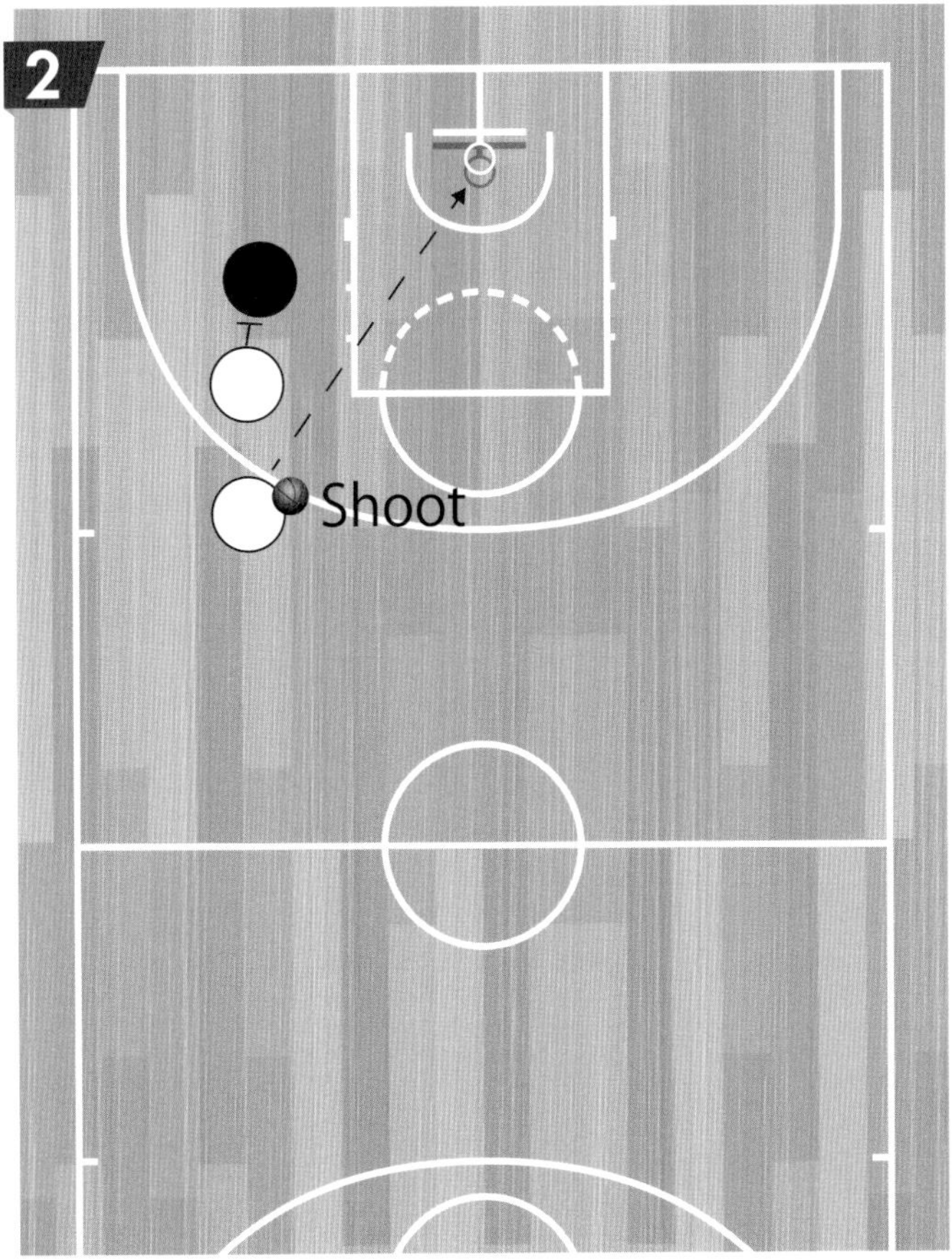

ドライブしていた選手はスクリーンへ。DHOでボールを受けた選手はシュートを狙う

近年は手渡しのパスだけでなく、横方向へのピッチパスや弾くパスを使ったプレーも増えている。こうしたプレーも取り入れてみよう!

展開するスペースを作るオフボールスクリーン

ダウンスクリーン

スクリーナーがベースライン方向に移動してかける。 シューターをオープンにするために使われる

動画はこちら

スクリーナーはディフェンスを見つける

ボールのないところで行われるスクリーンで、よく使われるのは3つのスクリーンです。Defにずれを作り、味方が有利な位置でパスを受けられることが目的になります。動きのポイントは、スクリーナーはオフェンスではなくディフェンスを見つけること。またユーザーを行かせたい場所に対して背中を向けてスクリーンをセットします。ユーザーはスクリーナーとの間に隙間ができないように、ギリギリを通るようにします（ブラッシング）。

バックスクリーン

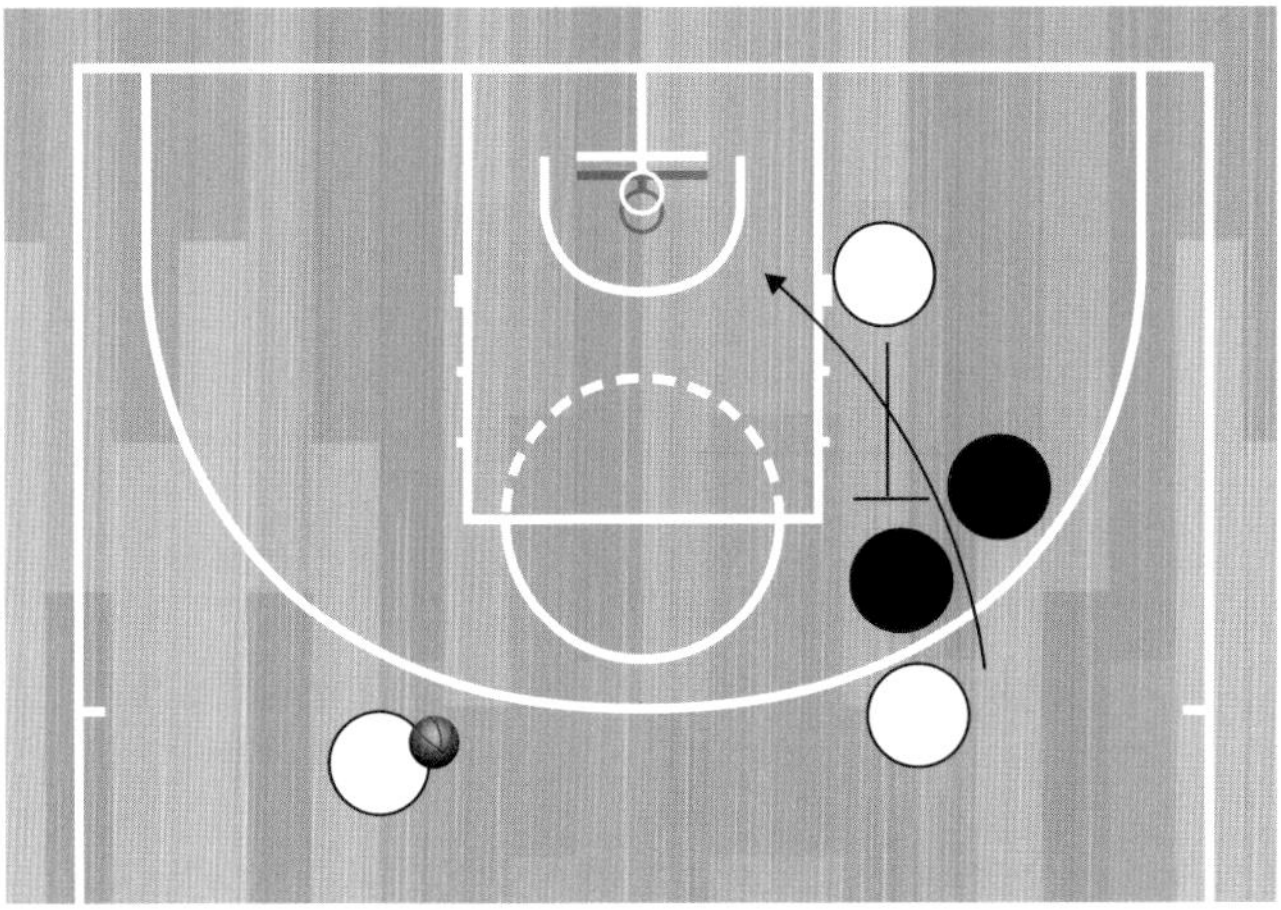

スクリーナーがハーフライン方向に移動してかける。ウイングの選手がスペースを使ってゴール下に飛び込むなどのプレーで使われる

フレアスクリーン

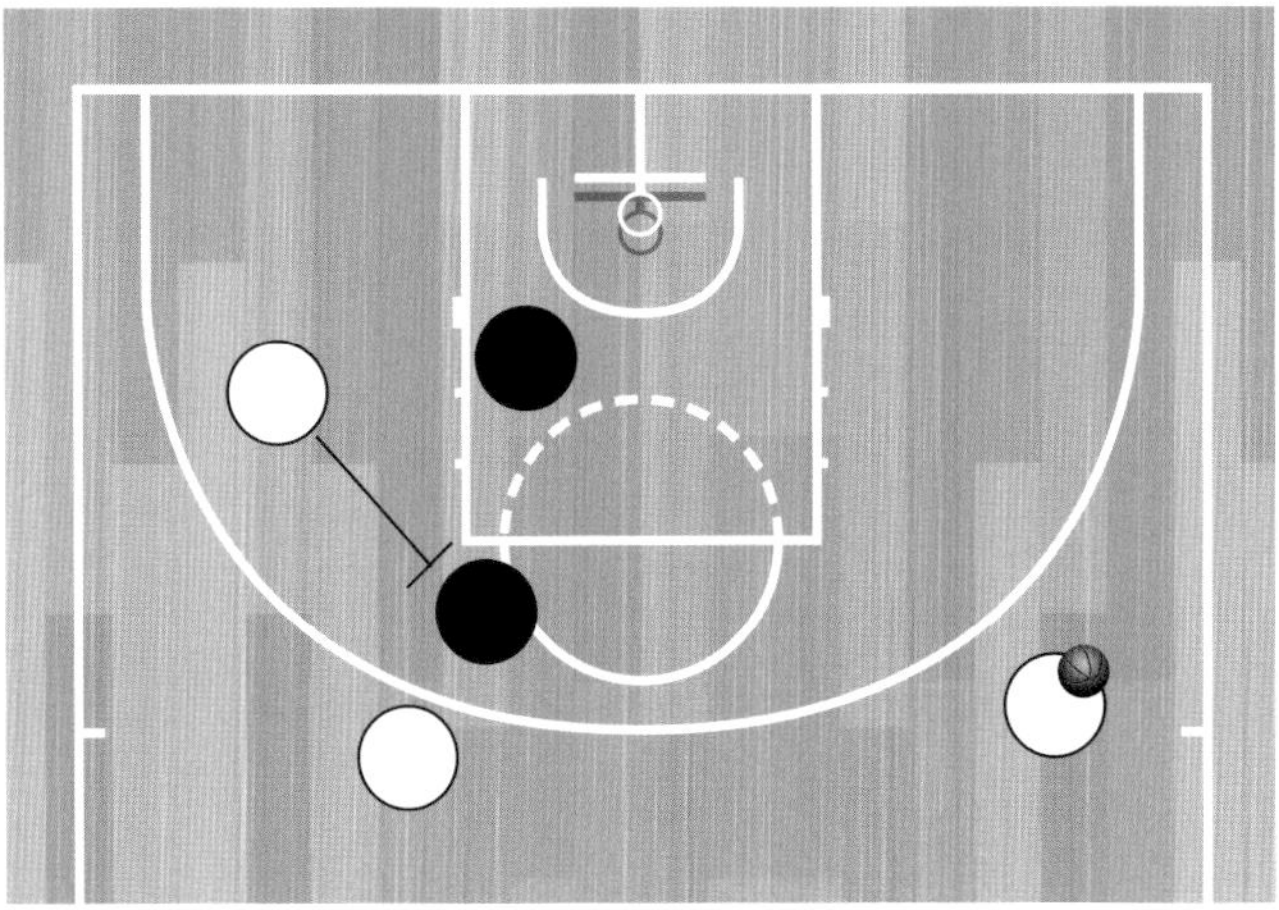

リングから離れるようにかける。このスクリーンもシューターをオープンにするために使われる

ここが
スキルのポイント!
Point

動きによってはカットをしているのかスクリーンなのかがわかりづらいことがある。こうしたミスを防ぐにはグーで手を上げるなどハンドサインを使おう!

シールでDefに密着してポジションを確保する

ディフェンスが左右のどちらにいるのか把握しておく。 そうすることでどちらにターンをすればよいかの判断ができる

ディフェンスとぴったりと密着し空間を作らないようにする。 常に相手とコンタクトし、 ポジションをキープする

動画はこちら

相手を押さえながら片手でキャッチする

シールとは、相手に密着する動きを指します。相手にぴったりと密着することで身体を使って自分がプレーしやすいポジションを確保でき、パスカットやスチールがされにくくなります。シールの際に両手でボールをキャッチしてしまうとディフェンスが自由に動けてしまうため、片手はシール、片手はキャッチというように腕を使い分けましょう。また相手とミスマッチが起こった場合は、シールからターンをするだけでシュートを打つことができます。

動かないステイで味方のスペースを確保する

あえて動かないほうが、味方がスペースを使える場合やボールが動いた際に素早く判断できない場合などで使える

顔を上げて周囲を見ることで状況を判断する。またコンタクト時はしっかりとパワーポジションをキープする

動画はこちら

動かないことでDefを引きつける

ステイは動かずにその場にとどまるプレーです。地味に思われますが、試合中には「どこに動けばよいかわからない」ことがあります。その状況で間違った方向に動いてしまうと、味方のスペースを潰してしまったり、パスコースに入ってしまうことがあります。こうしたミスを防ぐためには、いっそのこと動かずにディフェンスを引きつけるステイが有効になります。ステイのポイントは顔を上げて周囲の動きが見えるようにし、状況を把握することです。

リングに向かって真っすぐに走るリムラン

ディフェンスを背負った状態でもリングに向かっていくことで、ディフェンスを自分に引きつけられる

当たり負けしないように腰を下げた状態でリングに真っすぐに向かう

動画はこちら

ディフェンスを背負った状態でも必要になる

リムランとは、リングに向かって真っすぐ走ることです。一般的にはワンマン速攻時にリムランで最短距離を全速力でリングに向かい、味方からのロングパスを受けてシュートを狙うといったプレーで使います。またこうしたプレーだけでなく、ディフェンスを背負った状態でもリングに真っすぐ向かうことが重要です。そうすることでディフェンスはこちらの動きを警戒せざるを得なくなり、味方のドライブのスペースやパスコースを作る手助けになります。

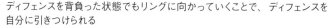

7

トランジションにつながるディフェンス

ドライブをしづらくさせるプレッシャー

オフェンスにドリブルをさせにくくする
一定の距離でついていく
いきなり真横にスライドしない

動画はこちら

一定の距離をキープしてオフェンスについていく

前からプレッシャーをかけることは、ボールを奪うことが目的ではなく、相手にドリブルをしづらくさせることが目的です。そのためには一定の距離でずっとオフェンスについていくこと。そうするだけで、オフェンスはボールを守りながら動かなければなりません。またいきなり真横にスライドして止めようとすると、99%の確率でファウルを取られます。まずはドライブしてくるコースに対して斜めに走り、コースに入ったらスライドステップを使い、壁になるように止まりましょう。

ドライブしてくるコースに斜めに走り込む

いきなり真横に
スライドしない

相手のスピードに合わせて動く

一定の距離をキープする

常にプレッシャーをかけることで相手はボールを守りながら動かなければならない

ここが スキルのポイント! Point

シュートが入らなかったり、ドライブが下手でも、10本のシュートチャンスを潰せたら10本シュートを打ったことと同じ価値がある。Defスキルが高ければ試合に出続けられる!

ドリブラーをサイドに追い込むディレクション

サイドライン側に追い込む
半身で構える
追い込みやすいほうに少し足を引く

動画はこちら

追い込みやすいほうの足を軽く引いてついていく

ディレクションとは方向という意味で、ドリブルを仕掛けてくるオフェンスを追い込む時に使います。例えば右利きのオフェンスが右手でドリブルをしてくるのに対して、苦手な左側へ行かせるように誘導することで、相手の動きが読みやすくなります。

またサイドライン側に追い込むことで、ドリブルができるスペースがなくなり、ボールをカットできるチャンスも増えます。

後ろから

チャージも
常に狙う

フットワークを使ってオフェンスについていく

正面から

オフェンスに
正対しない

右足を引いてオフェンスを右側に追い込む

ここがスキルのポイント! Point

追い込まれたオフェンスはパスを選択するケースが多い。サイドステップで追い込みながらパスコースを予想し、簡単にパスを出させないようにしよう!

一発逆転のボールカット
バックファイア

デメリットもあるが
メリットも大きいスキル
後ろから手を出して
ボールを突き出す
抜かれた時に使う

動画はこちら

抜かれた背後から
ボールを突き出す

バックファイアとは、相手にドリブルで抜かれてしまった時に後ろからボールを弾いてカットするスキルです。相手に抜かれた後に後ろから手を出してボールを突き出し、味方が拾ってくれた場合はそのまま速攻に移行できる。いわゆる一発逆転を狙えるスキルと言えます。デメリットとしては、完全に相手に抜かれてしまうことがあります。またレベルの高いガードなどはこちらを抜いた後にチェンジしてバックファイアをかわすため通用しません。

相手にドリブルで抜かれたシチュエーション

背中側から手を伸ばす

ボールに向かって手を突き出す

ボールを弾く

ここが スキルのポイント! Point

審判によってはこのプレーを嫌う方もいる。まずは試合で1度出してみて、ファウルを取る審判であれば使わないようにするという判断も必要になる！

シュート直前のカットも狙えるチェイス

ボールマンを
後ろから追いかける
シュート直前の
カットも狙える
難しいシュートを
打たせることが
できる

動画はこちら

オフェンスを追いかけて攻め手を制限させる

チェイスとは、ボールマンを追いかけながら守るスキルです。ディフェンスは抜かれたら終わりではなく、ローテーションやリバウンドに備える必要があります。チェイスをすることで、ドライブしている相手にプレッシャーをかけることができます。自由にドリブルをさせるためリスクが伴いますが、チーム全員で約束事を決めておくことでよいディフェンスができます。そうすることでオフェンス側は様々な状況判断が必要になり、攻撃を展開するためには高いスキルも必要になります。

オフェンスを後ろから追いかける

オフェンスの攻め手を制限させる

シュートのタイミングを見計らってジャンプする

シュート直前のカットを狙う

ここが スキルのポイント! Point

バックファイアと同様にディフェンス側にもリスクがあるが、相手の心をくじいたり、流れを引き寄せることもできるプレーになる！

ボールが動いてくる位置に出すトラップハンド

ボールを突いた手と反対側に手を出す
ボールに対しては手を出さない
相手は容易に仕掛けられなくなる

動画はこちら

ボールに対して手を出さない

トラップハンドはボールに対して手を出すのではなく、ボールが来そうなところに手を出しておくことです。相手が右手でドリブルをしていたら、相手の左手に対して手を出します。するとチェンジしたとしても、レッグスルーをしたとしても、相手がボールを自分の手に当ててしまう状況が作れます。ディフェンス下手がやってしまいがちな動きは、ボールに対して手を出してファウルを取られたり、身体ごとボールを触りにいって抜かれてしまうことです。注意しましょう。

1
ボールに対して
手を出さない

右手でドリブルを突く場合は左手側に手を置く

2

左手側に置いた手は動かさない

3

チェンジやレッグスルーを狙っても手に当たる

4

ファウルを取られることなくボールを奪える

ここが スキルのポイント! Point

トラップハンドを習慣づけると、抜かれる心配がなくなる。そのため冷静に相手の動きを観察でき、スティールも狙えるようになる！

相手の力を利用して守る椅子引きディフェンス

ポストプレーなどの押し合いで使える
ぶつかり合いからあえて身体を引く
バランスを崩したりトラベリングを誘発できる

動画はこちら

身体を引くことでバランスを崩させる

身長がない選手は絶対に覚えてもらいたいスキルです。ポストで力負けした状況で自分がまったく押し返せない時は、力で対抗するのではなく、合えてぶつからずに引くようにします。押し合いでは一度コンタクトした後は、さらに強い力でぶつかろうとします。その時に身体を引くことで相手は自分からバランスを崩したり、トラベリングを誘発させることができます。一度このスキルを見せると相手は警戒するため、その後は強くぶつかれなくなります。

押し合いで負けてしまうケースで使える

相手はさらに力で押そうと当たってくる

当たってくる時に身体を引く

バランスを崩したり、トラベリングを誘える

ここが スキルのポイント! Point

このディフェンスができると相手は警戒して強く当たらなくなる。その油断をついてこちらから強く当たると体重差があっても跳ね返すことができる!

相手の判断を遅らせるバックステップ

オフェンスに攻め気がある時はバックステップ
自由に判断させないようにプレッシャーをかける
バックステップからスライドステップで止める

動画はこちら

プレッシャーをかけて時間をかけさせる

オフェンスとディフェンスの距離が近ければ、ボールをカットできるチャンスは増えますが、ドライブが得意な選手に対しては簡単に抜かれてしまいます。そのためスピードが速い選手の場合は、相手が抜こうとする直前にバックステップを使い、ドライブを守れる距離に下がることが大事です。相手に対してぴったりとついて守ることも重要ですが、簡単に抜かれることを避けたいため、スピードのある選手にはバックステップを中心に使いましょう。

攻めてきそうだと感じたらバックステップで守る

スライドステップで止まる

ハンズアップしてシュートを簡単に打たせない

適度な距離感を保ち時間をかけさせる

ここが スキルのポイント！ Point

相手がスピードを出したらクロスステップで対応し、止まる時にスライドステップを使う。これらとバックステップを合わせることで、身長が高いオフェンスも止められる！

2人でプレッシャーを掛けるダブルチーム

ドライブに対するダブルチーム

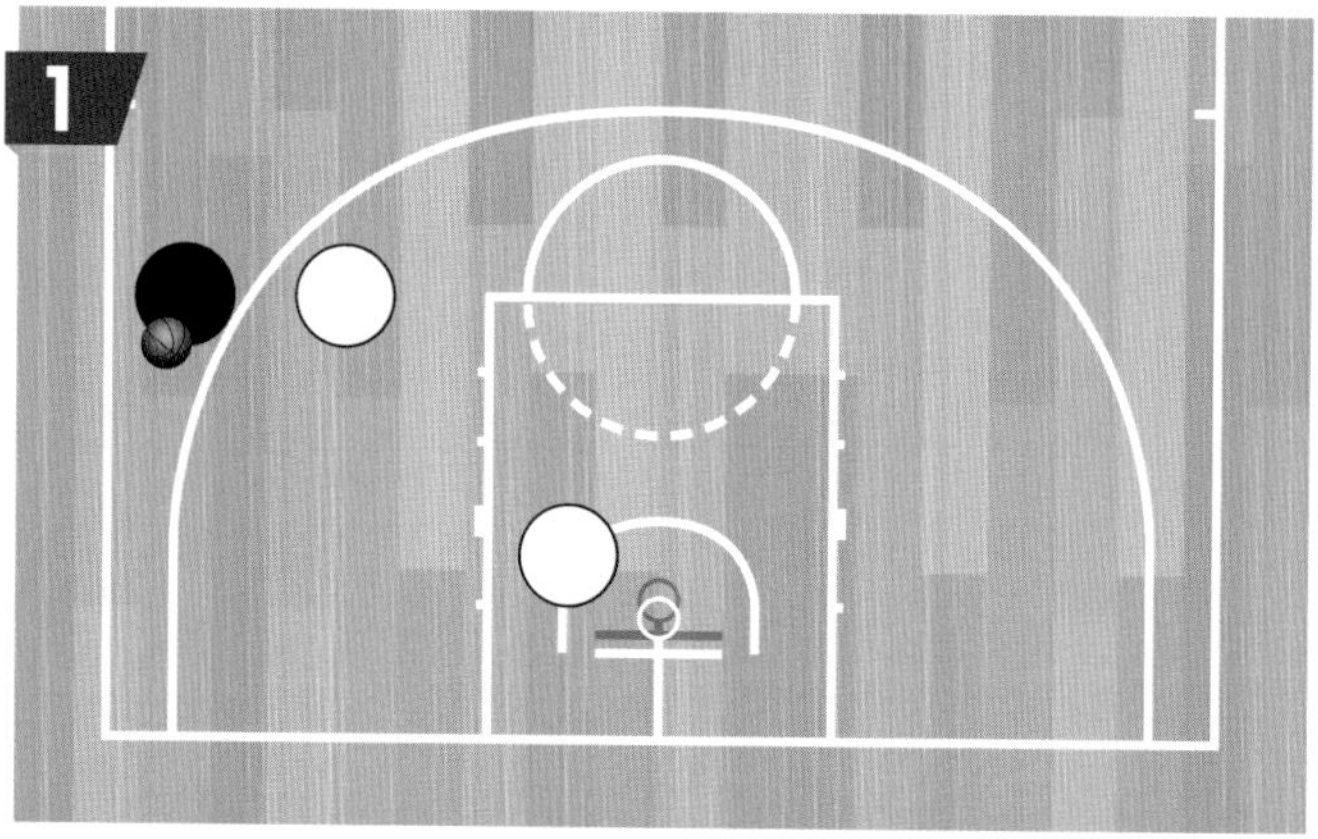

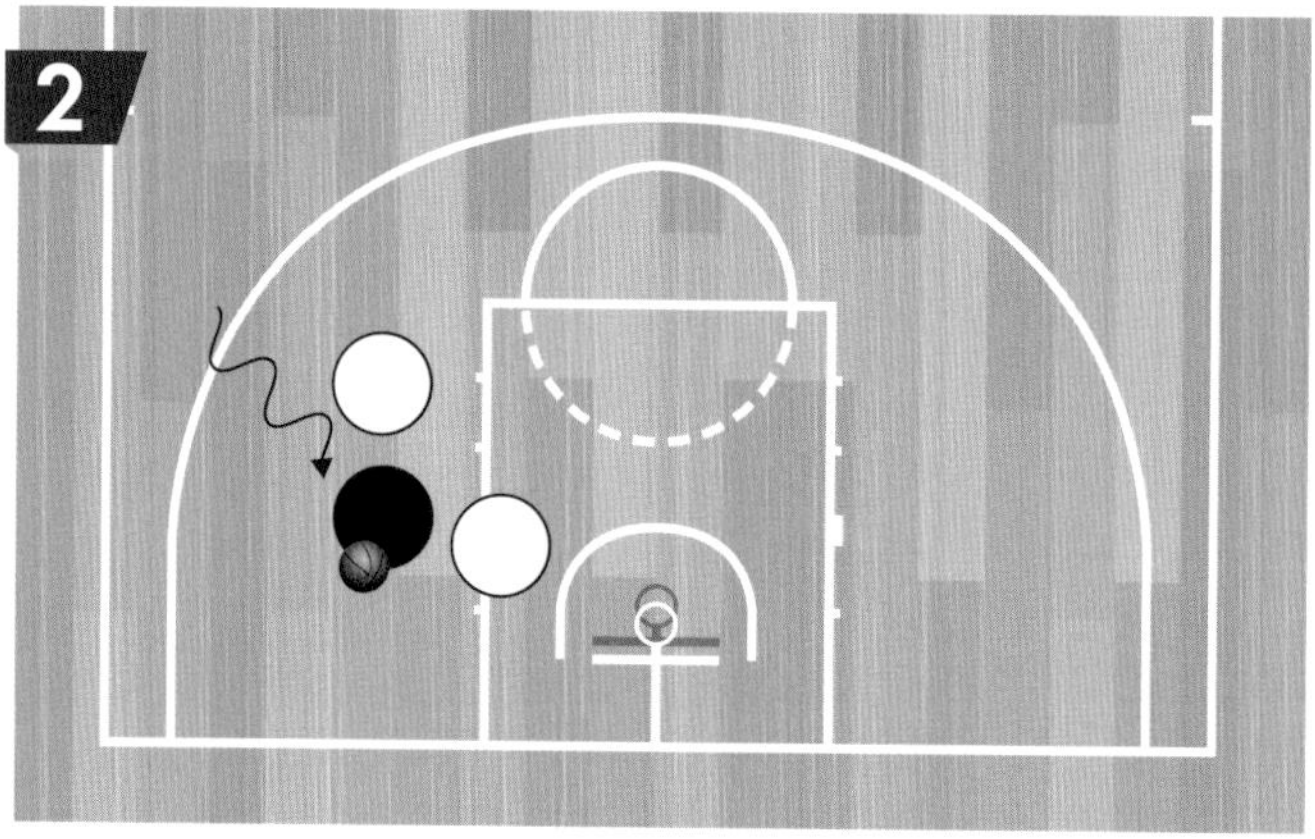

オフェンスのドライブに対してのダブルチーム。 タイミングよく素早くヘルプディフェンスが動くことでドリブルが止まり、 パスしか選択肢がなくなる

動画はこちら

狙えるシチュエーションを見極めて仕掛ける

ダブルチームは2人のＤｅｆがオフェンスに対してプレッシャーをかけるスキルで、オフェンスのミスやバイオレーションを狙います。ダブルチームを狙えるシチュエーションは、①ドライブに対して、②オールコートディフェンス時（プレス）、③ゴール近くのセンターに対して、④ＰｎＲ（ブリッツ）があります。ダブルチームではタイミングが重要で、これを間違えるとパスを通されてピンチになります。狙いにいくタイミングを練習で繰り返しましょう。

オールコートディフェンス時のダブルチーム(プレス)

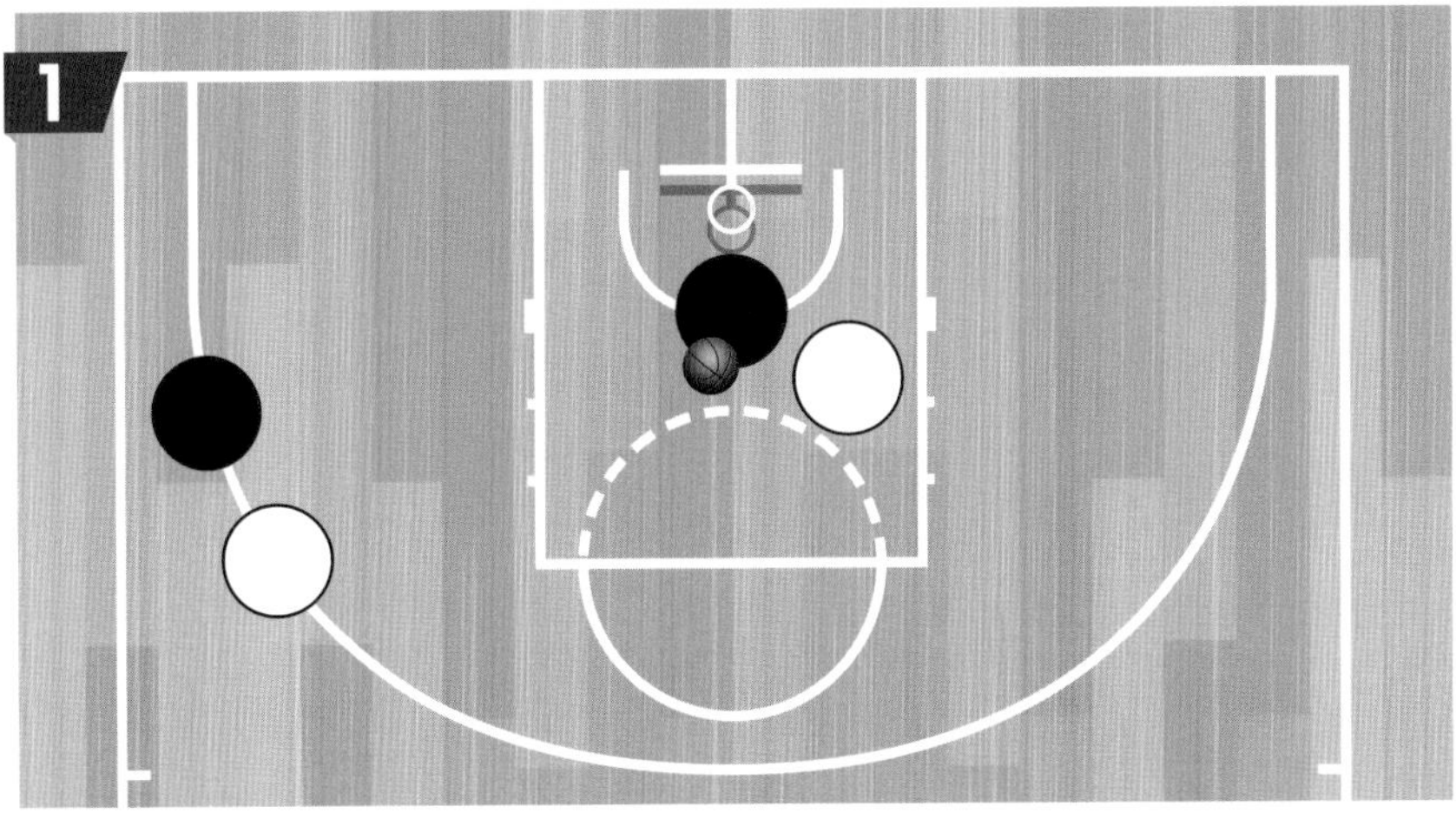

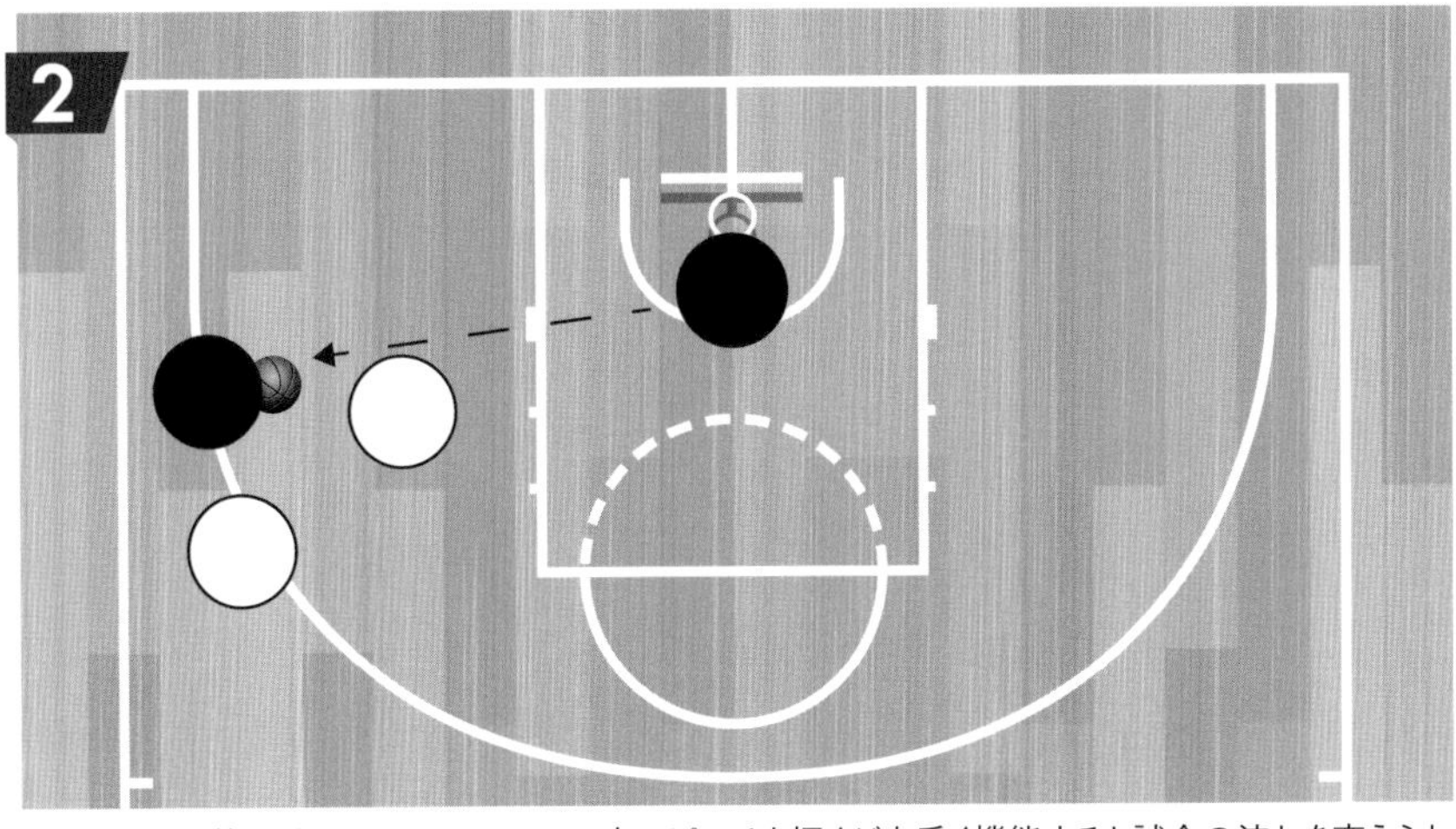

コート全面を使うディフェンスは、パス1本でピンチを招くが上手く機能すると試合の流れを変えられる。プレスディフェンスはダブルチームが基本となる

「パス回しが多い」「不利な状況でボールを保持している」などはダブルチームのチャンス。行けると判断したら迷わずに素早く動くことが大事だ！

おわりに

この本では、多くのスキルやメニューを紹介しました。これらのメニューを見てもらった後は、「何をやるか」ではなく「どうやるのか」がすべてです。

コニーが紹介している練習と、プロ選手が紹介しているメニューのどちらをやるかということはどうでもよいことです。練習に対して自分がどのくらいの熱量で、自分の中の何%の本気度合いが出せるかが重要です。

バスケットの言葉で言うと、インテンシティ（強度・集中力）です。やはり強いチームや上達が早い選手は、どのような練習メニューに向かう時もこのインテンシティが強いと感じます。本書でも書きましたが、結局のところ上手くなるための方法は、高い質の練習にコツコツと取り組んで量をこなすしかありません。

繰り返しになりますが、「このメニューをやる」という決断ではなく、「常に上手くなる！」という目的を意識して練習に取り組んでください。その意識と熱量が本物であれば必ず上手くなれます！

コニー

著者プロフィール

コニー

1997年生まれ。滋賀県大津市出身。小学校5年生からバスケを始める。ミニバス時代はチームで1番下手な選手だったがドリブルを磨き、中学時代は滋賀県大会で優勝に貢献する。その後、YouTubeをはじめとしたSNSにて、最新のドリブルスキルを発信し、全国から多くの支持をいただいている。お手本のスキルを実践する「魅せる指導」や動きを分かりやすく解説する「言語化した指導」を得意とする。アパレルブランド「Shifty」のデザインを手がけたり、アメリカに渡りワークアウトや指導のアップデートをしている。また全国各地（34県）でクリニックを実施したり、株式会社「JUMP」の取締役など、日本のバスケ界を盛り上げるために活動している。主な著書に「バスケットボール 1対1で勝てる！突破のドリブルテクニック25」（エクシア出版）がある。

制作協力・モデル
コニマネ

企画・構成・編集
佐藤紀隆（株式会社Ski-est）
稲見紫織（株式会社Ski-est）

デザイン
三國創市（株式会社多聞堂）

写真
岩波純一（スタジオ・ウェーブ）

バスケットボール 高さがなくてもスキルで勝つ

2024年 7月17日　初版第1刷発行
2024年10月11日　　第2刷発行

著　者　コニー©

発行人　畑中敦子
発行所　株式会社エクシア出版
〒101-0054　東京都千代田区神田錦町2-1-5-204
印刷・製本　サンケイ総合印刷株式会社

ISBN 978-4-910884-18-9　C0075

エクシア出版 ホームページ　https://exia-pub.co.jp/
Eメールアドレス　info@exia-pub.co.jp